LOISIR PASTRY SCHOOL MASTER CLASS

르와지르 제과 마스터 클래스 | 상급편

ing books

CONTENTS

004p 프롤로그

PART1 BASIC

008p 작업 전 체크 사항
010p 젤라틴 매스 만들기
012p 생크림 휘핑
014p 견과류 로스팅 및 보관
015p 제과에서 사용하는 소금의 종류
016p 마들렌 틀 비교
018p 초콜릿 템퍼링
020p 버터크림, 무스의 세 가지 기본 베이스
021p 크렘 파티시에 활용 크림
022p 제과에서 자주 사용하는 도구
025p 책에서 사용하는 프랑스어 용어

PART2 FEUILLETAGE

030p 재료학 및 공정학
034p 리프 파이
040p 타탱
048p 무화과 카시스 파이
054p 바닐라 플랑
062p 무스코바도 갈레트 데 루아
074p 초콜릿 밀푀유
086p 오렌지 망고 패션프루트 마카롱
092p 토마토 올리브 마카롱
100p 참외 화이트 와인 스피어민트 베린
106p 수박 고수 민트 파블로바
116p 복숭아 파르페

PART3 CHOU

130p 재료학 및 공정학
134p 카카오닙스 초콜릿 생토노레
152p 캐슈너트 캐러멜 파리 브레스트
166p 시실리 피스타치오 타르트
176p 딸기 발사믹 타르트
188p 차이티 바나나 타르트
202p 몽블랑
210p 무화과 무스
222p 꿀 라벤더 무스
232p 자두 무스
244p 루바브 무스
256p 인피니티 바닐라 부셰
268p 체리 포레누아

PROLOGUE

먹음직스러운 디저트 사진으로 가득했던 도나 헤이^{Donna Hay} 푸드 매거진을 뒤적거리고 마사 스튜어트^{Martha Stewart}의 컵케이크 책을 하나하나 번역하며 읽기 시작했을 때부터 집에서 맛있고 예쁜 것들을 사부작사부작 만드는 걸 좋아했다. 매일 쿠키와 마카롱을 굽고 컵케이크를 만든 뒤 해가 잘 드는 오전, 마루에 큰 종이를 깔고 엎드려 사진을 찍었다. 사진들을 정리해 블로그에 업로드하고 어떤 느낌과 맛, 식감이 마음을 벅차게 했는지를 다른 사람들과 나누며 이 일이 행복하다고 느꼈던 것 같다. 지금으로부터 12년 전 아무것도 몰랐기에 엉망진창으로 만들었을지도 모르는 그 디저트들과 보낸 시간들을 떠올려보면 그때의 설레고 행복했던 기억들이 선명하게 되살아난다.

지금까지 인연을 맺은 수천 명의 수강생들이 제과를 통해 느끼는 행복함이 나와 비슷하다면 이를 잘 지켜나가고 각자가 뜻한 바를 이뤄낼 수 있도록 돕는 것이 지금 내 역할이 아닌가 싶다. 오랫동안 제과를 하면서 깨달은 바는 기본을 탄탄하게 다져놓고 시작해야 이 일을 오랫동안 지속할 수 있다는 것이다. 이유를 모른 채 실패하고, 답답한 상태로 그냥 넘어가는 시간들이 계속 쌓이다 보면 어느 순간 스스로 즐기기가 어려워지고 한입만으로 행복을 전하는 디저트를 만들 수도 없다.

나는 제품을 만들 때마다 왜 이렇게 만들어야만 할까, 왜 이 재료를 사용하는 걸까, 왜 이렇게 만들어지는 걸까 하는 의구심을 거두지 않았다. 의구심은 하루 만에 풀릴 때도 있었지만 때로는 일주일, 몇 달, 몇 년이 지나고 나서야 비로소 이해가 됐다. 이러한 경험이 자양분이 되어 제과를 통해 얻을 수 있는 행복은 많은 시간과 노력, 경험을 토대로 답을 찾아가는 것이라는 결론에 이를 수 있었다.

제과는 보통 쿠키처럼 가볍고 어렵지 않은 제품으로 시작하지만 전문적인 파티시에가 되기 위해서는 필수적으로 갖춰야 할 지식과 소양들이 굉장히 많다. 모든 것은 탄탄한 기본기가 바탕이 되어야 하기 때문에 나는 기본의 중요성을 매우 강조한다. 또 교육을 할 때 나무보다 숲을 보여주기 위해 노력한다. 제과의 기본이 담긴 클래식한 제품들을 기반으로 하면서 재료의 종류와 포션의 변화, 새로운 제법의 적용, 트렌드 가미 등을 통해 자유로운 표현이 가능하도록 커리큘럼을 구성하고 가르친다. 숲을 보기 시작하면 간결하지만 섬세한 디테일이 살아 있는 제품을 만들어내는 것이 수월해지기 때문이다.

큰 흐름을 파악한 뒤 재료 자체를 공부하고 공정을 이해하게 되면 어떤 레시피라도 그 근본을 찾을 수 있다. 일반적으로 맛있는 레시피 하나하나를 쫒게 되는데 큰 숲을 본 뒤에는 그것은 작은 나무 한 그루에 불과하다는 것을 알게 된다. 그래서 제품을 만들 때 그 안에서 큰 그림을 그리고 여러 가지 흐름을 파악한 뒤 결론적으로는 스스로 숲을 만들 수 있도록 구상하고 있다.

이 책에 수록된 제품들은 언뜻 보면 매우 클래식하거나 트렌디하지 않을 수도 있다. 하지만 그 안에는 제과를 공부하는 사람이라면 꼭 알아야 할 기본이 담겨 있으며 하나씩 차근차근 밟아 나가야 할 계단과도 같다.

전체적인 제품군의 흐름을 살펴보고 각각의 과정에서 중요한 부분들을 이해한 뒤 제품을 만들면 작업의 정확도가 높아진다. 또 작업을 시작하기 앞서 관련 이론을 정독하면 한결 더 쉽게 다가갈 수 있다. 또 여러 번 만들어본 다음에 다시 이론을 살펴보면 새로운 깨달음을 얻을 수 있을 뿐만 아니라 응용할 수 있는 부분도 늘어날 것이다. 하나의 레시피만 봐도 열 가지 이상의 베리에이션 아이디어가 떠오르며 당장 만들어보고 싶어지는 설렘을 꼭 느껴보고 기억하길 바란다.

집 앞의 4평짜리 작은 가게를 시작으로 한남동에서 으리으리한 매장을 운영했고 베이킹 스튜디오에서 3000명이 넘는 수강생을 가르치기도 했다. 거기에 50편의 제과 교육 동영상 제작까지… 짧으면 짧고 길면 긴 12년간 수많은 경험을 하며 많은 것을 느끼고 깨달을 수 있었고 지금의 나를 만들었다.

아무것도 모르고 물어볼 곳도 없어 맨땅에 헤딩하며 매장을 운영할 수밖에 없었고 많이 공부한 듯했지만 기본이 탄탄하지 않은 상태로 처음 수업을 시작했다. 그렇다 보니 학생들에게 무엇이 가장 필요하고 중요한지 누구보다 잘 알고 있다고 생각한다. 이 책에는 12년 동안의 경험과 노하우가 고스란히 담겨 있다. 초급부터 상급까지 제과의 모든 과정을 단계별로 공부하고, 제품에 대해 깊이 고민해보며 나만의 길을 찾아가는 데 도움이 될 수 있기를 바란다.

01

LOISIR PASTRY
SCHOOL
MASTER CLASS

SIC

CHECK POINTS BEFORE WORKING

작업 전 체크 사항

01 작업에 앞서 레시피의 재료와 공정을 꼼꼼히 읽어본다

작업 전 레시피를 여러 번 정독해 재료와 공정을 꼼꼼히 체크한다. 이는 제과를 공부하기에 가장 좋은 방법이다. 자신이 만들 제품이 머릿속에 명확하게 그려지고 과정에 대한 이해가 빨라 실수가 줄어든다.

02 재료 분량을 저울로 정확하게 계량한다

재료를 계량할 때 1g, 0.1g도 매우 중요하다. 특히 양이 적을 때는 더욱 그렇다. 가능하면 최대한 정확하게 계량한다. 특히 소금, 베이킹파우더, 베이킹소다, 젤라틴, 펙틴 등과 같은 겔화제는 모두 미량계를 사용해 소수점 자리까지 맞춘다.

1g 일반 저울 추천 : CAS WZ-2D 디지털 전자저울(단위 최대 6kg)
0.1g 미량계 저울 추천 : CAS WZ-3A 디지털 전자저울(단위 최대 1kg)

03 한꺼번에 계량할 수 있는 재료를 먼저 확인한다

레시피에서 함께 들어가는 재료는 한꺼번에 계량한다. 과정상에서도 매우 중요하고 작업의 효율성 또한 높일 수 있다.

04 미리 사용할 재료의 온도를 맞춘다

재료 사용 전, 공정상에서 온도를 체크하는 것은 매우 중요하다. 이에 따라 결과물이 크게 달라지기 때문이다. 냉장실에서 미리 꺼내 냉기를 빼거나 차갑게 준비하거나 냉동이 필요한 재료가 있다면 미리 준비한다. 적외선 온도계를 사용할 경우 표면의 온도만 측정될 수 있으므로 측정 전 실리콘 주걱으로 고루 섞는다. 정확하게 온도를 재는 습관을 들이자.

05 계량한 재료는 전부 사용한다

이 책의 레시피는 양이 많은 편이 아니다. 그렇기 때문에 재료를 대충 긁어서 넣으면 손실분이 생겨서 결과물이 달라질 수 있다. 재료를 아무리 정확하게 계량하더라도 공정에서 모두 사용하지 않으면 아무 의미가 없다. 계량한 재료는 번거롭더라도 실리콘 주걱으로 최대한 깨끗이 긁어서 사용한다.

06 우선적으로 만들어두거나 휴지가 필요한 공정부터 준비한다

레시피를 읽어보면 하루나 이틀 전에 미리 준비해야 되는 공정이 있다. 이를 체크한 뒤 실행에 옮겨야 계획한 대로 제품을 완성할 수 있다.

07 가루 재료는 꼭 체에 쳐서 사용한다

전분을 제외한 나머지 가루 재료는 모두 체에 쳐서 사용한다. 가루들 사이에 공기를 넣어 가볍고 고루 섞일 수 있도록 하며 혹시라도 모를 이물질 또한 제거할 수 있다. 전분은 쉽게 흩어지므로 단독으로 사용할 때는 따로 체에 치지 않는다.

08 실리콘 몰드와 틀의 사이즈를 정확하게 맞춘다

필요한 도구들을 모두 새로 사야 할 필요는 없다. 가지고 있는 도구들을 최대한 활용하고 없거나 부족한 것만 체크한 뒤 구매한다. 다만 실리콘 몰드와 틀은 정해진 분량을 채우거나 오븐에서 구워야 하기 때문에 사이즈를 정확하게 맞춰 사용한다.

09 볼 벽을 긁어 깨끗하게 정리하고 마무리는 실리콘 주걱으로 한다

스탠드믹서나 핸드믹서, 휘퍼를 사용할 때 가운데 부분 위주로 섞다 보니 볼 벽이 지저분해지고 제대로 섞이지 않는 경우가 많다. 중간중간 동작을 멈추고 볼 벽과 바닥을 실리콘 주걱으로 깨끗하게 긁어 모든 재료가 고루 섞이도록 한다. 휘퍼만으로는 바닥까지 섞기 어렵기 때문에 실리콘 주걱으로 마무리한다.

10 오븐은 꼭 미리 예열하고 예열하지 않은 상태에서 절대로 반죽을 넣지 않는다

아무리 반죽을 잘 만들었다고 해도 예열하지 않은 오븐에 넣으면 부풀지 않거나 익지 않는다. 반드시 먼저 오븐 예열 온도를 체크한 뒤 적어도 시작 20분 전에는 예열한다. 오븐 브랜드마다 차이가 있으므로 오븐의 성능을 파악하고 그에 맞춰 온도를 조절할 수 있어야 한다.

MAKING GELATIN MASS
젤라틴 매스 만들기

이 책의 모든 레시피는
가루 젤라틴과 물을 1대 6 비율로 불려 사용한다.

① 50~60℃ 정도 되는 따뜻한 물에
가루 젤라틴(이탈젤라틴Italgelatine)을 조금씩 넣고
휘퍼로 풀어 천천히 녹인다. 덩어리가 생긴 부분이
있다면 실리콘 주걱으로 비벼서 푼다. 작은 덩어리가
남았다면 공기가 들어가지 않도록 주의하며
핸드블렌더로 간다. 혹시라도 위에 거품이 생긴
경우 잠깐 상온에 두었다가 굳은 거품을 모두 깨끗이
걷어내고 맑고 투명해질 때까지 기다린다. 젤라틴은
수화되기까지 10분 이상 걸린다.
② 냉장실에 넣고 굳으면 사용한다. 굳은 젤라틴을
젤라틴 매스라고 부르며 칼로 썬 뒤 미량계로 무게를
정확하게 측정해 사용한다. 냉장실에서 7~10일,
냉동실에서 2주~1개월 정도 보관할 수 있다.

젤라틴 매스 = 가루 젤라틴 + 물
7 = 1 + 6
ex) 레시피에서 젤라틴 매스의 분량이 58g이라
했을 때 이를 7로 나누면 가루 젤라틴의 양이 나온다.
나머지는 물로 채운다.
58 ÷ 7 = 8.28
약 8.3g이 가루 젤라틴의 양이고 58에서 8.3을 뺀
49.7g이 물의 양이다. 이 두 가지를 합치면 젤라틴
매스가 된다. 단 분량을 이렇게 딱 떨어지도록 맞추면
실리콘 주걱과 휘퍼로 섞는 과정에서 손실분이 생길
수 있으므로 항상 사용할 양보다 조금 넉넉하게
만든다. 가루 젤라틴은 판젤라틴과 양이 같으므로
동량의 판젤라틴을 물에 불려 사용해도 무방하다.

WHIPPING FRESH CREAM

생크림 휘핑

제과에서 생크림을 원하는 상태로 휘핑하는 것은 매우 중요하다. 나는 늘 수업에서 아이싱은 잘 못하더라도 생크림 휘핑은 정확하게 할 줄 알아야 한다고 거듭 강조한다. 제과에서는 생크림을 휘핑한 뒤 짜주머니에 담아 파이핑을 하거나 단단하게 휘핑해 다른 크림과 섞기도 한다. 부드럽게 휘핑해 무스의 베이스로 사용할 수도 있다. 이때 휘핑 정도를 제대로 맞추지 못하면 크림의 상태가 달라져 원하는 제품을 만들기 어렵다. 우리나라에서 주로 사용하는 우유 생크림은 안정제 없이 100% 우유로 만들기 때문에 매우 불안정하다. 자칫하면 거칠어지거나 분리될 수 있으므로 휘핑 정도를 세심하게 살피며 자주 연습해 텍스처를 눈으로 익히고 기억해야 한다. 생크림은 휘핑한 뒤 다시 원래 상태로 되돌릴 수 없다. 능숙하지 않다면 언제든 휘핑을 멈추고 실리콘 주걱으로 고르게 저어가며 상태를 살피는 것을 추천한다.
생크림에 설탕을 넣지 않고 휘핑한 크렘 푸에테 Crème fouetté와 설탕을 넣고 휘핑한 크렘 샹티이 Crème chantilly를 주로 사용한다. 가볍고 부드러운 식감이 특징이며 휘핑 정도에 따라 다양한 텍스처를 구현할 수 있다.

tip 생크림 속 유지방구의 막은 온도에 예민하기 때문에 5℃ 정도를 유지하며 휘핑해야 크림의 구조가 튼튼하고 안정적이다. 꼭 얼음이 담긴 볼에 올려 5℃를 맞춰 휘핑하고 고속으로 크고 거친 기포를 포집하는 것보다 저속을 유지하며 한 방향으로 차분하게 휘핑해야 텍스처가 매끄럽다.

60%
약간의 점도가 생기며 부피가 살짝 커지고 휘퍼 자국이 조금 보이기 시작한다.
휘퍼로 들어올렸을 때 바로 주르륵 떨어지지만 표면에는 자국이 살짝 생겼다가 퍼지는 정도이다. 다크 초콜릿 무스나 매우 부드러운 무스를 만들 때 사용한다.

80%
휘퍼 자국이 더 선명하고 휘퍼로 들어올렸을 때 부드럽지만 날에 확실하게 붙어 있다. 형태가 제대로 잡혀 있으며 윤기가 나면서 매끈한 상태이다. 파이핑이나 샌딩, 아이싱을 할 때 사용하기 적합하다.

70%
조금 더 휘핑을 하면 휘퍼 자국이 점점 선명해지고 휘퍼로 들어올렸을 때 날에 살짝 뭉쳐서 붙어 있다가 떨어진다. 형태가 확실하게 잡힌 것은 아니지만 떨어뜨렸을 때 볼륨감 있게 쌓이는 정도가 된다. 주로 일반적인 무스케이크를 만들 때 사용한다.

90%
휘퍼로 들어올렸을 때 힘이 느껴지고 윤기는 조금 사라진 정도이다. 공기가 빡빡하게 들어가서 부드럽기보다 단단함이 느껴진다. 다른 크림(크렘 파티시에 등)과 섞어 흐르지 않고 힘이 있는 크림을 만들 때 사용한다.

분리
계속 휘핑하면 크림이 거칠어지다가 결국 분리된다. 유지방과 수분이 빠져나가면서 더이상 사용할 수 없는 상태가 되는 것이다. 이러한 과정을 거쳐 버터를 만든다.

ROASTING AND STORING NUTS

견과류 로스팅 및 보관

**A / 유지 함량이 높고 식감이 부드러운
견과류(피칸, 호두, 마카다미아, 잣 등)**
- 컨벡션 오븐 150℃에서 약 5~10분
- 양에 따라 다르지만 유지 함량이 높아 구움 색이 금방 난다. 낮은 온도로 5분 정도 구운 뒤 색을 보고 시간을 가감한다.

**B / 유지 함량이 적당하고 식감이 단단한
견과류(아몬드, 헤이즐넛, 피스타치오, 땅콩, 캐슈너트 등)**
- 컨벡션 오븐 160℃에서 약 10~15분 / 진하게 색을 낼 때는 약 20~23분
- 양에 따라 다르지만 160℃ 정도에서 10분 정도 굽고 상태를 확인한다. 테두리만 색이 났다면 고루 섞은 뒤 조금 더 굽는다.
- 제품에 따라 구움 색을 달리해 다른 재료들과의 풍미를 맞춘다.

견과류는 유지 함량이 높아 상온에 보관하면 공기와 닿아 산화되기 쉽다. 산화된 견과류는 제품의 맛에 매우 부정적인 영향을 끼치고 다시 되돌릴 수 없으므로 재료 관리에 각별히 신경 써야 한다. 되도록이면 신선한 견과류를 구입해 냉동실에 보관한다. 개봉한 견과류 파우더도 밀봉한 뒤 냉장실 혹은 냉동실에 보관하는 것을 추천한다.

TYPES OF SALT USED IN BAKING

제과에서 사용하는 소금의 종류

A / 게랑드 플뢰르 드 셀
프랑스 게랑드 지역의 토판 천일염으로 미네랄이 풍부하고 염화나트륨의 함량이 낮다. 부드러운 짠맛 뒤로 특유의 감칠맛이 이어지며 쓴맛이 없고 뒷맛이 깔끔하다. 굵은소금과 가는 소금 두 종류가 있다.

B / 말돈 솔트
영국 에식스 카운티 블랙워터강 유역에서 바닷물을 증발시키지 않고 끓여 만든 자염이다. 순수하면서 부드러운 맛을 지니고 있으며 결정 형태의 소금이라 바스락하며 부서지는 질감이 특징이다. 토핑용으로 추천한다.

C / 신안 천일염 구운 소금
신안의 갯벌에서 채취한 천일염을 800℃ 고온에서 구워 쓴맛을 유발하는 간수와 불순물, 유해 성분을 깨끗하게 제거했다. 나트륨 함량이 낮으며 맛이 순하고 고소해 활용도가 높다. 이 책에서 주로 사용한 소금이다.

COMPARISON OF MADELEINE MOLDS

마들렌 틀 비교 **플렉시판**

플렉시판 FP2511 마들렌 틀 20구
- 구매처 : 미페이스트리
- 제조사 : Demarle(프랑스)
- 사용 온도 : -40℃~+260℃ 급속 냉동고, 오븐 모두 사용 가능
- 실리콘을 지지하는 튼튼한 유리 섬유 구조로 구웠을 때 황금색을 띈다.
- 버터를 칠하지 않아도 쉽게 분리된다.
- 적당히 깊어서(1.9cm) 통통하고 귀여운 모양의 마들렌을 구울 수 있다.
- 따뜻한 물과 세제를 사용해 가볍게 닦아 세척한다.
- 녹슬지 않아 장기간 사용이 가능하다(최대 3000번).
- 철제 마들렌 틀보다 가벼워서 보관 및 작업이 편리하다.

주의점
- 열선이나 가스 오븐 사용 시 바닥의 구움 색을 내기 어렵다. 컨벡션 오븐을 사용하는 것을 추천한다.
- 철제 마들렌 틀보다 열전도가 늦어 철제 마들렌 틀을 사용하는 레시피라면 오븐의 온도를 5~10℃ 정도 높이고 굽는 시간도 살짝 늘린다.
- 그릴 혹은 타공 팬 위에 올려 구워야 색이 일정하다.
- 20구를 다 채우지 않고 비어 있는 상태로 구우면 코팅이 손상되므로 전체를 채워 굽는다.
- 개수를 적게 굽고 싶다면 8구 몰드를 사용한다.
- 사용 기간을 늘리고 싶다면 버터나 오일을 붓으로 아주 얇게 바른 뒤 패닝한다.

COMPARISON OF MADELEINE MOLDS

마들렌 틀 비교 **철판**

실팟 코팅 깊은 마들렌 틀 12구
- 구매처 : 베이킹몰(www.bakingmall.com)
- 제조사 : 우정베이크웨어(한국)
- 실팟 코팅을 하면 오븐에서 구울 때 틀에 설탕, 소금 등이 침투되지 않아 버터를 바르지 않아도 윤이 나고 쉽게 분리된다.
- 열전도율이 높아 배꼽이 크게 부풀어 오른다.
- 원하는 개수만 채워서 구울 수 있다.

주의점
- 되도록 흐르는 물에 세척한 뒤 부드러운 스펀지나 면으로 닦아 오븐에서 말린다.
- 수세미로 너무 세게 닦아 코팅이 벗겨지지 않도록 주의한다.
- 플렉시판보다 깊은 편이므로 패닝 시 양을 조금 늘린다(39~43g 정도).
- 열전도율이 높아 플렉시판을 사용하는 레시피라면 온도를 5~10℃ 정도 낮춘다.
- 사용 기간을 늘리고 싶다면 버터나 오일을 붓으로 아주 얇게 바른 뒤 패닝한다.

CHOCOLATE TEMPERING
초콜릿 템퍼링

초콜릿은 함유된 카카오버터를 온도 조절을 통해 식혀 응고하는 방법에 따라 여러 결정형으로 변화시킬 수 있다.
카카오버터는 1번형부터 6번형까지 여섯 가지 다른 형태의 구조로 이루어져 있으며 구조에 따라 녹는점이 다르다. 이를 활용해 온도를 조절하면 원하는 구조로 유도해 결정을 정리할 수 있다. 그것을 '템퍼링Tempering'이라고 한다.
1번형부터 6번형 중 5번형과 6번형 구조를 '베타' 결정이라고 하는데 이는 분자의 간격이 좁고 촘촘해 가장 안정적이다. 하지만 같은 베타 결정이어도 6번형 구조는 녹는점이 36℃라 입안에서 부드럽게 녹지 않으며 식감 또한 좋지 않다. 일반적으로 녹인 초콜릿을 그대로 방치해 식히면 카카오버터가 불안정한 결정인 3번형, 4번형과 함께 응고하기 때문에 보존 중에 최종 6번형의 결정이 생성돼 식감이 나쁘고 표면에 하얗게 얼룩이 생기는 '블룸Bloom'이 발생한다. 그러나 6번형의 한 단계 전인 5번형은 입자가 미세하고 녹는점이 33℃로 사람의 체온보다 낮기 때문에 입에서 빠르게 녹으며 질감도 매끄럽다. 즉 카카오버터 여섯 가지 결정형 중 가장 안정성이 높은 것은 6번형이지만 식감이 좋지 않고 표면이 거칠기 때문에 두 번째로 안정성이 높고 입에서도 잘 녹는 5번형의 결정으로 통일하는 것이 가장 이상적이다. 따라서 초콜릿을 식혀 응고시킬 때는 반드시 템퍼링을 거쳐야 한다.

템퍼링을 할 때 이해해야 하는 초콜릿의 특징 세 가지
① 안정적인 결정형일수록 높은 온도에서 녹고 불안정한 결정형일수록 낮은 온도에서 녹는다. 이 차이를 활용해 온도를 조정하고 카카오버터의 결정을 정리한다.
② 녹은 초콜릿 내부에 미세한 5번형 결정을 만들어두면 식혀 응고시킬 때 그 결정이 '핵'이 되어 전체가 5번형 결정으로 통일된다.
③ 녹은 초콜릿을 가만히 두지 않고 계속 섞으면 결정형의 전이가 빠르게 진행된다.

초콜릿별 템퍼링 온도
브랜드마다 성분의 차이로 템퍼링 온도가 달라질 수 있으므로 제품의 패키지를 확인하다.
다크 초콜릿 50~55℃ / 28~29℃ 최종 온도 31℃
밀크 초콜릿 45~50℃ / 27~28℃ 최종 온도 29~30℃
화이트 초콜릿 40~45℃ / 24~26℃ 최종 온도 28~29℃

자주 사용하는 템퍼링 방법
접종법(시드법)

녹인 초콜릿에 이미 템퍼링된(5번형 결정) 초콜릿을 잘게 쪼개 넣고 섞는 방법이다. 5번형의 결정이 핵이 되어 전체가 5번형으로 통일된다.

▶ 접종법을 활용한 빠른 템퍼링 방법

① 볼에 300g 이상의 커버처 초콜릿을 정해진 온도대(평균 45℃)로 녹인다.
② ❶의 ⅓ 분량 커버처 초콜릿을 추가하고 고루 저어 온도를 낮춘다.
③ 최종 템퍼링 온도보다 1℃ 높을 때(다크 32℃, 밀크 31℃, 화이트 30℃) 녹지 않고 남은 초콜릿을 건져낸다. 천천히 저어 최종 템퍼링 온도로 맞춘다. 만약 36℃가 되기 전 ❷에서 넣은 초콜릿이 모두 녹았다면 커버처 초콜릿을 조금 더 넣고 저어 온도를 낮춘다. 33℃ 이하가 될 때까지 녹지 않은 초콜릿이 존재해야 한다. 그래야 남아 있는 5번형 결정이 핵이 되어 전체를 5번형으로 정리할 수 있다.

정통적인 접종법에서는 마지막에 초콜릿 덩어리가 남았다면 다시 데워 완전히 녹인 뒤 최종 템퍼링 온도로 맞춰야 한다. 하지만 이때 자칫하면 33℃가 넘어 5번형 결정이 모두 녹아 없어질 수 있다. 따라서 33℃ 이하로 낮춘 뒤 남은 초콜릿을 건져내는 방식을 사용하면 실패 없이 템퍼링을 빠르게 끝낼 수 있다. 건진 초콜릿은 다음에 템퍼링을 하거나 다른 제품을 만들 때 사용한다.
템퍼링은 방법에 상관없이 초콜릿 온도가 33℃를 넘기면 최종적으로 유도하려고 하는 5번형 결정까지 모두 녹아버리기 때문에 주의해야 한다.

THREE BASIC BASES OF
BUTTER CREAM AND MOUSSE
버터크림, 무스의 세 가지 기본 베이스

크렘 앙글레즈, 파트 아 봄브의 공통점
▶ 달걀노른자를 베이스로 한다.
▶ 견과류, 초콜릿, 바닐라 등 묵직하면서 부드러운 계열의 맛과 잘 어울린다.

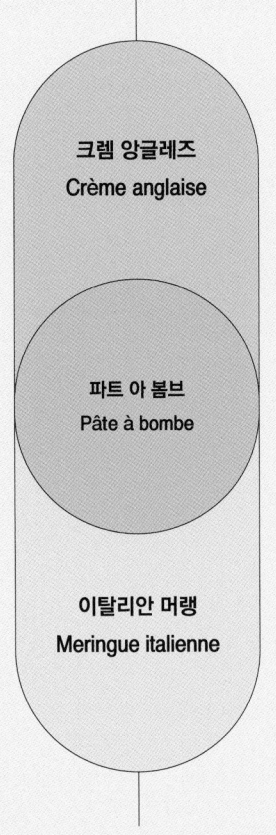

파트 아 봄브, 이탈리안 머랭의 공통점
▶ 118℃로 끓인 시럽을 넣어 점도와 당도가 있다.
▶ 공기를 포집해 텍스처가 가볍다.

| 크렘 앙글레즈 Crème anglaise
우유, 달걀노른자, 설탕을 섞은 뒤 약불에서 약간의 점도(À la nappe)가 생길 때까지 가열한다.
▶ 다양한 크림과 무스의 베이스로 활용한다.
▶ 공기를 포집하지 않아 텍스처가 부드럽고 매끈하다.
▶ 설탕의 양을 조절할 수 있어서 낮은 당도의 크림도 만들 수 있다.
▶ 우유나 생크림에 찻잎이나 향신료 등을 인퓨징해서 사용할 수 있다.
▶ 텍스처가 묽고 매끄러워 버터크림을 만들면 묽어지기 쉽다.
▶ 점성이 없으므로 약불에서 천천히 가열해야 익지 않는다.

| 파트 아 봄브 Pâte à bombe
달걀노른자에 118℃로 끓인 시럽을 붓고 뽀얗게 자국이 날 때까지 휘핑한다.
▶ 치즈 무스, 티라미수, 초콜릿 무스의 베이스로 활용한다.
▶ 최대한 가볍게 공기를 포집한다.
▶ 시럽을 넣어 점성이 있고 달걀노른자의 리치한 텍스처와 풍미를 지닌다.

| 이탈리안 머랭 Meringue italienne
거품을 올린 달걀흰자에 118℃로 끓인 시럽을 붓고 휘핑한다.
▶ 가벼운 텍스처의 무스나 마카롱 필링용 버터크림의 베이스로 활용한다.
▶ 공기를 포집해 텍스처가 매우 가볍지만 시럽의 점성이 더해져 안정적이다.
▶ 흰색이며 단맛을 빼고는 특별한 맛이 없어 다른 재료의 색과 맛을 살릴 수 있다.
▶ 상큼한 과일 퓌레는 물론이고 치즈, 초콜릿 등과도 잘 어울린다.

CRÈME PÂTISSIÈRE
APPLICATION CREAM
크렘 파티시에 활용 크림

크렘 파티시에
Crème pâtissière

데운 우유에 달걀노른자, 설탕, 밀가루 또는 전분을 섞은 뒤 불에 올려 호화시켜 만든다. 이를 기본으로 다양한 크림이 파생된다.

+

크렘 푸에테
Crème fouéttée
생크림에 설탕을 넣고 휘핑하면 크렘 샹티이, 설탕을 넣지 않고 휘핑하면 크렘 푸에테가 된다.

이탈리안 머랭
Meringue italienne
거품을 올린 달걀흰자에 118℃로 끓인 시럽을 부어가며 휘핑한다. 맛이 깔끔하고 텍스처가 가벼우며 안정적이다.
+ 젤라틴

크렘 다망드
Crème d'amande
버터, 설탕, 아몬드 파우더, 달걀을 섞어 만든다. 주로 파이나 타르트에 채워서 굽는 용도로 사용한다.

크렘 오 뵈르
Crème au beurre
버터에 크렘 앙글레즈, 파트 아 봄브, 이탈리안 머랭 등을 섞어서 만든다. 부드러운 텍스처에 버터의 고소한 풍미가 살아 있다.
또는 버터

크렘 디플로마트
Crème diplomate
▼
유지방의 풍미가 살아 있고 텍스처는 가볍지만 보형성이 좋다. 슈나 타르트의 필링이나 가벼운 쇼트케이크를 샌딩할 때 사용한다.

크렘 시부스트
Crème chiboust
▼
부드러우면서 가벼운 젤라틴의 텍스처가 특징이다. 슈거파우더를 뿌린 뒤 토치로 캐러멜라이징하면 표면이 바삭해져 안쪽과 상반된 식감을 연출할 수 있다.

크렘 프랑지판
Crème frangipane
▼
크렘 다망드보다 수분의 함량이 높아 더 부드럽고 촉촉하다. 타르트나 갈레트 데 루아를 만들 때 활용한다.

크렘 무슬린
Crème mousseline
▼
텍스처가 무스처럼 부드럽고 매끈하며 프레지에, 밀푀유 등에 활용할 수 있다.

| 제과에서 자주 사용하는 도구 |

BAKING TOOLS

실리콘 주걱
재료를 섞거나 긁어 담을 때 사용한다. 제과에서는 주로 실리콘 재질의 주걱을 사용하는데 단단해서 휘지 않는 주걱과 부드러워 가볍게 휘는 주걱이 있다. 반죽이 가볍거나 볼이나 냄비를 긁을 때는 부드러운 주걱을, 반죽이 되거나 무거울 때는 단단한 주걱을 사용하는 것을 추천한다.

휘퍼
여러 개의 날이 있어 재료를 빠르게 고루 섞을 수 있도록 돕는다. 반죽의 양이 많거나 재료들의 점도가 달라 쉽게 섞이지 않을 때 사용하면 좋다. 또 공기 포집을 위해 휘핑할 때 사용하기도 한다.

깍지&짜주머니
짜주머니에 깍지를 끼운 뒤 크림이나 반죽을 넣으면 원하는 모양으로 파이핑할 수 있다. 깍지는 사이즈와 모양이 매우 다양하므로 제품에 적합한 종류를 선택한다. 요즘에는 비닐 짜주머니를 주로 사용하는데 짜주머니의 입구를 너무 크게 자르면 깍지를 끼워 파이핑할 때 깍지가 빠질 수 있으므로 주의한다.

스크래퍼
반죽을 다지거나 섞을 때, 반죽이나 크림을 일정한 두께로 펼칠 때, 짜주머니에 넣은 크림을 한쪽으로 모아 정리할 때 쓰며 요즘에는 아이싱할 때도 활용한다. 소재와 모양이 다양하므로 용도에 따라 선택하면 된다.

체
박력분이나 중력분은 꼭 체에 쳐서 사용한다. 뭉친 부분이 풀리고 가루 사이에 공기가 들어가 다른 재료들과 가볍게 섞인다. 불순물이 들어가는 것 또한 막을 수 있다.

분당체
크기가 작은 고운체를 가리킨다. 슈거파우더나 데코 스노, 코코아 파우더 등 매우 고운 입자의 가루를 체로 치거나 액체를 거를 때 사용한다.

온도계
제과에서 온도를 정확하게 측정하는 것은 매우 중요하다. 보통 양이 적거나 고루 저으면서 온도를 측정할 때는 비접촉식 적외선 온도계를, 양이 많거나 좀 더 정확하게 온도를 측정하고 싶을 때는 접촉식 탐침 온도계를 사용한다.

L자 / 일자 스패출러
반죽이나 크림을 일정한 두께로 펼치거나 정리할 때 사용한다. 날이 일자인 스패출러는 케이크를 아이싱할 때, 날이 꺾여서 L자로 되어 있는 스패출러는 반죽을 펼치거나 케이크를 옮길 때 주로 사용한다. 반죽이나 크림의 양에 따라 적절한 사이즈를 선택한다.

웨이브 / 민자 칼
시트나 케이크를 재단할 때는 날이 물결 모양인 웨이브 칼을, 부드러운 케이크나 무스를 재단할 때는 민자 칼을 사용한다. 어떤 것을 사용하든 잘 들어야 깔끔하게 재단할 수 있다. 케이크 재단용 나이프는 날이 무뎌지지 않도록 따로 관리하며 사용한다. 푀유타주 재단, 과일 손질 등을 위해 작은 칼도 함께 구비한다.

원형 커터
쿠키나 시트, 반죽 등을 원하는 사이즈의 원형으로 일정하게 재단할 때 사용한다. 보통 다양한 사이즈의 원형 커터를 한 통에 담아 세트로 판매하므로 하나 구입하면 오랫동안 사용할 수 있다.

핀셋
크기가 작은 과일이나 허브, 초콜릿, 금박 같은 장식 요소를 올릴 때, 제품을 마무리할 때 사용한다.

붓
시트에 시럽을 바르거나 도레할 때 사용한다. 표면에 글라사주를 바르고 반죽의 덧가루를 털어낼 때도 유용하다. 부드러운 붓과 빳빳한 붓이 있는데 보통 시럽을 가볍게 바르거나 글라사주를 두께감 있게 바를 때는 부드러운 붓을, 타르트에 도레할 때나 글라사주를 얇게 바를 때는 빳빳한 붓을 쓴다.

타공 타르트 링
타르트 반죽을 퐁사주할 때 사용한다. 제품 자체에 구멍이 있어 열과 공기가 빠져나가 타르트 누름돌을 올리지 않아도 반죽이 부풀어 오르지 않는다.

애플코러
원래는 사과의 씨를 제거하는 용도이다. 하지만 케이크나 시트 중앙에 구멍을 뚫거나 마들렌에 콩포트, 가나슈 등을 채우기 위해 속을 파낼 때 쓰면 유용하다.

FRENCH PASTRY TERMS
책에서 사용하는 프랑스어 용어

BLANCHIR

블랑시르
달걀노른자와 설탕을 볼에 넣은 뒤 거품이 나고 흰색에 가깝게 연해질 때까지 거품기로 힘차게 저어 섞는 작업. 달걀에 설탕을 넣고 가만히 두거나 대충 섞으면 뭉치므로 설탕을 넣자마자 충분히 섞어야 한다.

CHEMISER

슈미제
틀 바닥이나 둘레 안쪽 벽에 조리물이 들러붙지 않고 조리 후 쉽게 벗겨낼 수 있도록 다양한 두께의 층 또는 막을 형성하는 작업. 제과에서는 링이나 틀에 버터를 바르거나 덧가루를 뿌리는 것, 용기나 틀의 바닥과 옆면 벽에 유산지를 깔고 대는 것을 뜻한다.

DORER

도레
'달걀물을 바르다'라는 뜻으로 달걀(또는 달걀노른자)을 풀거나 약간의 우유나 생크림을 넣어 희석한 뒤 붓으로 반죽 표면에 바르는 작업을 말한다. 달걀물을 바르면 노릇하고 윤기가 나도록 구울 수 있다. 타르트나 푀유타주는 물론이고 쿠키, 구움 과자 등에도 구움 색을 내기 위해 달걀과 우유 또는 꿀을 섞어 바르기도 한다.

FONÇAGE

퐁사주
'(통이나 틀에) 밑바닥을 대기'라는 뜻으로 반죽을 타르트 틀에 끼워 넣는 작업을 가리킨다.

FRAISER

프레제
반죽을 대리석 작업대에 놓고 손바닥으로 눌러가며 밀어 끊는 작업. 볼에서 재료를 가볍게 섞은 다음 작업대에 옮겨 손바닥으로 눌러 밀며 끊은 뒤 다시 뭉쳐 하나의 큰 덩어리로 만든다. 재료를 고루 섞이도록 하는 동시에 공기를 제거해 반죽에 끈기가 생기는 것을 막는다.

MONTER

몽테
달걀흰자 또는 생크림으로 거품을 내는 것. 제과에서 '가나슈 몽테', '몽테 크림'은 가나슈를 휘핑해 거품을 낸 크림을 가리킨다.

PISTOLET

피스톨레
압축기(컴프레서)를 장착한 분무기. 제과에서는 초콜릿이나 묽은 글레이즈를 무스케이크나 초콜릿 제품의 표면에 미세하게 분사해 색을 얇게 입히는 데커레이션용으로 사용한다. 요즘에는 달걀물을 넣어 도레할 때 활용하기도 한다.

02

LOISIR PASTRY
SCHOOL
MASTER CLASS

FEUILL

ETAGE

파트 푀유테(파이 반죽)

버터의 가소성

(1) 푀유타주의 원리

푀유타주는 파트 푀유테$^{Pâte\ feuilletée}$(퍼프 페이스트리)를 말하며 이를 구워 만든 제품을 가리키기도 한다. 파트 푀유테는 밀가루 반죽(데트랑프^{Détrempe})으로 버터를 감싼 뒤 반죽을 접고 밀대로 눌러 밀어 펴는 과정을 여러 차례 반복하고 중간중간 일정한 시간 동안 휴지해서 만든다.

접는 횟수가 많아질수록(일반적으로 최대 8회) 반죽의 겹이 늘어나 마치 나뭇잎을 수백 장 겹쳐놓은 듯한 아름다운 층이 생긴다. 3절 접기를 2회 하면 겹쳐진 면을 빼도 총 19겹이 된다. 이 과정을 반복해 3절 접기를 6회 하면 이론적으로는 총 1459겹이 형성되지만 실제로 구우면 이 정도로 많은 겹이 생기지는 않는다. 겹을 형성하는 데트랑프의 글루텐 속에는 지름 5~40㎛(마이크로미터, 1㎛=0.001mm)의 녹말립이 포함되어 있는데 접는 횟수가 늘어날수록 데트랑프가 얇아지며 녹말립이 눌린다. 최종적으로 반죽을 얇게 밀어 펴면 녹말립이 압력을 받아 결국 찢어지거나 결이 붙어 선명한 결이 생성되지 않는다.

[반죽의 일부를 확대]

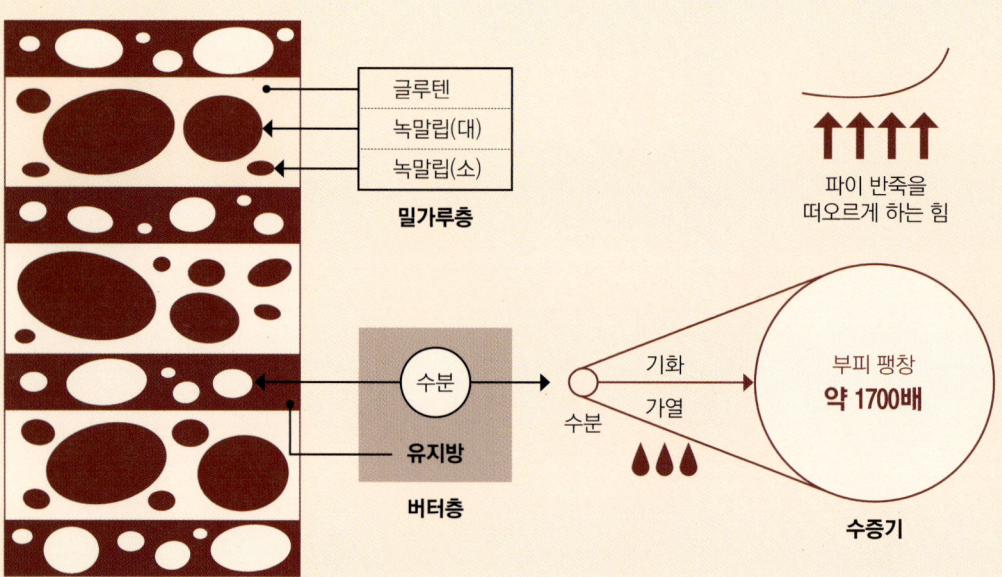

(2) 푀유타주의 온도 조절

▶ 반죽을 접은 뒤 휴지가 중요한 이유

반죽을 밀대로 밀어 펼 때 데트랑프와 버터층이 비슷한 상태로 늘어나야 한다. 어느 한쪽이 단단하거나 부드러우면 층이 고르게 나오지 않는다. 일반적으로 적당한 유연성을 지녀 성형이 쉬울 때 가소성이 있다고 하는데, 푀유타주의 완성도를 높이기 위해서는 데트랑프와 버터층의 가소성을 균형 있게 잘 조절하는 것이 중요하다.

▶ 얇게 밀어 편 반죽을 냉장실에서 잠시 휴지했을 때 안에서 생기는 변화

① 밀가루 글루텐의 점탄성 약화

반죽을 얇게 밀어 펴면 데트랑프 내부의 글루텐이 점탄성을 가지며 서로 얽힌 상태로 강하게 잡아당긴다. 따라서 그 이상으로 반죽을 늘리면 원래대로 돌아가려는 힘이 강해져 결국 글루텐이 끊어져 버린다. 반죽을 휴지시키면 글루텐의 점탄성이 약해져 다시 밀어 펴는 작업이 가능해진다. 무리하게 늘어난 글루텐의 결합이 그렇지 않은 결합과 조정되거나 약하게 붙어 있던 부분이 떨어지면서 전체적으로 여유가 생기기 때문이다.

② 버터의 가소성 최적화

버터층은 균일한 덩어리처럼 보이지만 사실 액체유와 고체지가 섞인 상태이며 온도에 따라 이 두 성분의 비율이 변한다. 버터는 고체지 지수가 15~25%일 때 가소성이 있고 늘리기 쉬운 상태가 되는데 적정 온도는 13~18℃로 비교적 좁은 범위이다. 5℃ 이하에서는 너무 단단해 잘 늘어나지 않고 25℃ 이상에서는 너무 부드러워 녹은 버터가 데트랑프에 스며든다.
반죽을 얇게 밀어 펼 때 작업대의 온도나 체온으로 인해 반죽이 데워지면 버터가 부드러운 상태가 된다. 이때 냉장실에서 휴지하면 버터가 적당한 가소성을 가진 온도 범위로 돌아간다. 데트랑프와 버터층의 상태를 수시로 확인하면서 적절한 온도 범위에서 반죽을 밀어 펴야 얇고 바삭한 식감의 결과물을 얻을 수 있다.

푀유타주 앵베르세의 원리와 특성

앵베르세^{Inversé}는 프랑스어로 '거꾸로'라는 의미로 버터 반죽 (뵈르 마니에$^{Beurre\ manie}$)으로 데트랑프를 감싼 뒤 밀어 접는다. 일반적인 반죽의 안과 밖이 반대로 돼 있어 '앵베르세'라고 부른다.
푀유타주 앵베르세는 전체 밀가루 분량 중 30%가 뵈르 마니에에 들어가며 이 부분에는 글루텐 그물이 형성되지 않는다. 또 일반적인 반죽과 비교했을 때 전체에서 차지하는 버터층의 비율이 높기 때문에 부서지기 쉽고 가벼우면서도 바삭한 식감을 갖는다.

[접기형 파이 반죽의 종류]
A. 기본적인 접기형 파이 반죽

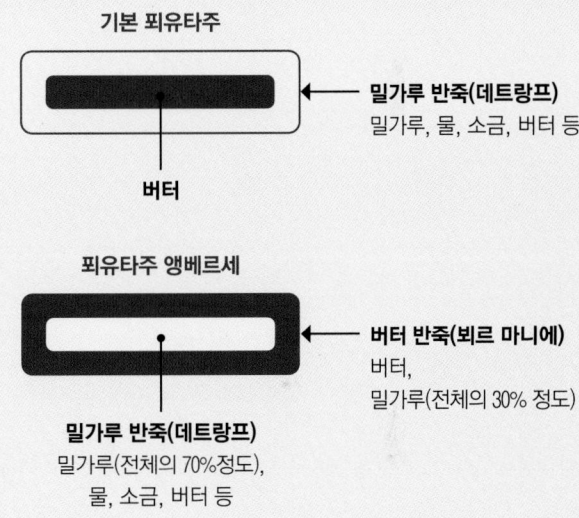

푀유타주를 잘 만들기 위한 조건

① 품질 높은 저수분 버터
고품질의 저수분 버터는 푀유타주의 완성도를 높이기 위해 가장 중요한 재료이다. 가소성이 좋은 푀유타주용 저수분 버터(Beurre de tourage/Extra dry butter)의 사용을 권장한다. 다양한 풍미와 특성을 가진 저수분 버터가 시중에 판매 중이므로 테스트, 비교 후 선택한다.

② 풍미 좋은 밀가루
회분 함량이 높은 밀가루를 사용하면 확실히 풍미가 좋다. 일반적인 한국 밀가루와 프랑스 밀가루로 만든 푀유타주를 비교해 보면 그 사실을 정확히 알 수 있다. 회분을 거의 제거한 한국 밀가루보다 회분 함량이 높은 T45, T55, T65 밀가루를 사용하는 것을 추천한다. 제품의 특성과 원하는 식감에 따라 여러 종류의 밀가루를 블렌딩해 사용할 수도 있다.

③ 시원한 환경과 대리석 작업대
버터를 계속 다루기 때문에 가능하면 시원한 장소에서 작업하는 것이 좋다. 대리석 작업대는 다른 소재의 작업대에 비해 온도가 낮고 온도 변화도 적은 편이다. 특히 데트랑프를 버터로 감싸서 밀어 접는 푀유타주 앵베르세를 만들 때는 차가운 작업대가 큰 도움이 된다.

④ 방향 잘 살피면서 접기
푀유타주는 길게 민 반죽을 여러 번 겹쳐 접고 다시 미는 과정을 반복해 완성된다. 이때 중요한 것은 반죽을 밀고 접을 때마다 반드시 90도씩 회전해야 한다. 반죽에도 방향이 있기 때문에 반대 방향으로 밀면 장력이 강해져 절대 길게 밀 수 없다. 손으로 민다면 칼로 튼 옆 부분이나 막힌 방향이 아닌, 결이 자연스럽게 겹쳐진 부분이 위아래로 오게 한 뒤 길게 민다. 매번 방향을 정확히 확인해야 한다는 것을 기억하자.

⑤ 덧가루는 적당히 사용하고 잘 털기, 밀대로 눌러 마무리
덧가루는 강력분을 추천하며 적당한 양을 사용한다. 그리고 반죽을 밀고 접을 때마다 덧가루를 붓이나 제과용 브러시로 깨끗하게 털어낸다. 반죽을 밀대로 고르게 눌러 마무리해야 결이 잘 생성되고 구웠을 때 층이 균일하다.

⑥ 완성된 푀유타주는 냉장실에서 2~3일, 냉동실에서 2개월간 보관 가능
완성된 푀유타주는 냉장실에서 마르지 않게 보관한다는 전제 하에 2~3일 동안 사용할 수 있다. 바로 쓰지 않는 반죽은 래핑한 뒤 냉동실에 넣으면 최대 2개월까지 보관할 수 있다. 밀고 접는 과정을 마지막 1회 남긴 상태에서 보관했다가 사용 전에 냉장실로 옮겨 천천히 해동한다. 최종적으로 한 번 더 밀고 접은 뒤 굽는 것이 가장 좋다.

LOISIR PASTRY
SCHOOL
MASTER CLASS
FEUILLETAGE

만드는 방식에 따른 분류

기본 푀유타주(Feuilletage ordinaire) : 버터를 데트랑프로 감싸 밀어 편 뒤 접는 방식
장점 데트랑프 반죽으로 버터를 감싸 푀유타주 앵베르세보다 다루기 수월하다. 식감이 파삭파삭하다.
단점 중간에 여러 번 휴지해야 한다. 충분한 휴지 시간이 필요하므로 하루나 이틀 전부터 준비해야 한다.
수분이 많은 충전물을 채우면 눅눅해지기 쉽다.

푀유타주 앵베르세(Feuilletage inversé) : 데트랑프를 밀가루와 버터를 섞은 뵈르 마니에로 감싸고 밀어 편 뒤 접는 방식
장점 글루텐 형성이 적어 휴지 시간이 짧다. 수축이 적고 덜 틀어진다.
버터 결이 더 많아 버터 풍미가 진하고 부드러우면서 바삭하다. 충전물을 채웠을 때 덜 눅눅해진다.
단점 버터가 겉으로 나와 있어서 다루기 까다롭다. 점도가 맞지 않으면 버터가 묻어나 파이 롤러로 작업하기가 어렵다.
반드시 시원한 장소나 차가운 상판 위에서 작업해야 한다.

속성 푀유타주(Feuilletage rapide) : 밀가루와 물, 버터를 모두 한 번에 넣고 반죽해 밀어 편 뒤 접는 방식
장점 공정이 간단해 빠르고 손쉽게 만들 수 있다. 시간과 공간 제약이 적다.
간단한 타르트 시트나 프티푸르용으로 적합하다.
단점 파이의 겹이 많지 않고 불규칙하다. 다른 방식과 비교해 덜 부풀어 식감이 단단하다.

FEUILLETAGE

LEAF PIE

리프 파이

푀유타주 라피드는 작업성이 좋아 실제 업장에서도 바로 적용이 가능한데요.
구움 과자는 물론이고 파이, 밀푀유, 타르트, 타탱 등 다양한 품목에 활용할 수 있어요. 버터의 크기나 접는 횟수,
밀어 펴는 두께 등에 따라 결과 식감이 달라질 수 있으니 작업 과정을 통일하는 것이 중요합니다.
오븐에서 구워지는 모습만 봐도 정말 행복하고, 먹어보면 그 맛에 반할 테니 꼭 한 번 만들어보세요.

15~17개 분량 / 예열 온도 180℃

푀유타주 라피드

매트퍼 오발 주름 커터 100

T55 250g
판 버터(이즈니 엑스트라 드라이 버터) 200g
소금 5g
찬물(4℃) 125g
덧가루(강력분) 적당량

터비나도 설탕 80g
앵무새 설탕(라빠르쉐) 20g
덱스트로스(루이프랑수아) 적당량

tip 모든 재료는 차갑게 준비한다.

1 푸드프로세서에 밀가루와 2cm 다이스로 썬 판 버터를
넣고 버터 크기가 5mm 정도가 될 때까지 간다. 이때 버터
크기가 5mm 이하가 되지 않도록 주의한다.

2	볼로 옮겨 소금을 섞은 찬물을 넣고 스크래퍼를 이용해 날가루가 없어질 때까지 섞는다.
3	한 덩어리로 뭉쳐 래핑한 뒤 사각형으로 만들고 냉장실에서 1시간 동안 휴지한다.
4	냉장실에서 꺼낸 반죽을 밀대로 두드려 밀 수 있을 정도의 질감이 되면 덧가루를 뿌려가며 민 뒤 3절 접기를 하고 냉장실에서 1시간 동안 휴지한다.(3절 접기 1회)
5	냉장실에서 꺼낸 반죽을 90도 방향으로 돌려 3절 접기를 하고(3절 접기 2회) 다시 90도 방향으로 돌려 3절 접기를 한 뒤(3절 접기 3회) 냉장실에서 2시간 동안 휴지한다. 이 과정을 한 번 더 반복한다.(3절 접기 총 5회)
6	4.5mm 두께로 밀고 냉장실에서 1시간 이상 휴지한다.

7	나뭇잎 모양 커터로 재단하고 냉장실에서 1시간 이상 휴지한다.
8	밀대로 밀어 12cm 길이로 맞춘다. **tip** 반죽이 냉장 상태로 단단할 때 밀어야 모양이 망가지지 않는다.
9	터비나도 설탕과 앵무새 설탕을 4:1 비율로 섞고 반죽 앞뒤에 넉넉히 뿌린다.
10	15cm 길이로 밀고 냉장실에 1시간 이상 휴지한다.
11	제과용 민자 칼로 칼집을 낸 뒤 손으로 살짝 벌린다. **tip** 휴지 후 칼집을 내야 구울 때 모양이 뒤틀리지 않는다.
12	테플론 시트를 깐 철판에 올리고 180℃로 예열한 오븐에 10분간 굽는다. 덱스트로스를 뿌리고 5분간 더 구워 완성한다.

FEUILLETAGE

TATIN

타탱

타탱의 가장 중요한 재료는 당연히 사과이겠지요?
오븐에서 사과즙과 다른 재료가 함께 끓으면서 완성되기 때문에 그 시기에 가장 맛있고 단단한 사과를 사용하는 것이 핵심이에요.
가벼운 사과 풍미를 내기 위해 진한 캐러멜색을 내지 않고 가볍게 굽기만 했고요. 화이트 초콜릿 몽테 크림에는 리큐어나
향신료를 더하지 않아 사과 맛에 온전히 집중할 수 있답니다. 버터 풍미가 진한 푀유타주는 사과에서
부족한 지방의 풍미를 채워주지요. 빠르게 완성할 수 있는 푀유타주 라피드를 사용해 집에서도 쉽게 만들 수 있어요.

6개 분량 / 예열 온도 160℃

A 푀유타주 라피드

T55 250g

판 버터(이즈니 엑스트라 드라이 버터) 200g

소금 5g

찬물(4℃) 125g

덧가루(강력분) 적당량

덱스트로스 적당량

▷ **총량 약 570g**

tip 모든 재료는 차갑게 준비한다.

1 푸드프로세서에 밀가루와 2cm 다이스로 썬 판 버터를 넣고 버터 크기가 5mm 정도가 될 때까지 간다. 이때 버터 크기가 5mm 이하가 되지 않도록 주의한다.

2 볼로 옮겨 소금을 섞은 찬물을 넣고 스크래퍼를 이용해 날가루가 없어질 때까지 섞는다.

3 한 덩어리로 뭉쳐 래핑한 뒤 사각형으로 만들고 냉장실에서 1시간 동안 휴지한다.

4	냉장실에서 꺼낸 반죽을 밀대로 두드려 밀 수 있을 정도의 질감이 되면 덧가루를 뿌려가며 3절 접기를 한 뒤 냉장실에서 1시간 동안 휴지한다.(3절 접기 1회)
5	냉장실에서 꺼낸 반죽을 90도 방향으로 돌려 3절 접기를 하고(3절 접기 2회) 다시 90도 방향으로 돌려 3절 접기를 한 뒤(3절 접기 3회) 냉장실에서 2시간 동안 휴지한다. 이 과정을 한 번 더 반복한다.(3절 접기 총 5회)
6	냉장실에서 꺼낸 반죽을 4.5mm 두께로 밀고 스파이크 롤러를 이용해 피케한다. tip 가로세로 방향으로 힘을 줘 3회 이상 피케해서 수축이 덜 되도록 한다.
7	종이 포일을 깐 철판에 덧가루를 뿌리고 ❻을 올린다. tip 반죽을 들어올리며 안쪽으로 밀어 미리 수축시키면 오븐에서 구울 때 수축이 덜 된다.
8	지름 8.3cm 원형 커터로 재단한 뒤 타공 매트 2장을 올린다.
9	160℃로 예열한 오븐에 20분간 굽고 타공 매트를 제거한 뒤 10분간 더 굽는다.
10	식힌 뒤 지름 6cm 원형 커터 크기에 맞춰 칼로 다듬는다.
11	덱스트로스를 뿌리고 160℃에서 10분간 굽는다.

A9

A10

A11

B1

B2

B3

B4

B5

B6

B 캐러멜라이즈드 사과

 실리코마트 TOR160 H40, 실리코마트 SF028

사과 600g
마다가스카르 바닐라 빈 1개
설탕 130g
골드 럼(바카디) 30g
젤라틴 매스 12g

tip 골드 럼에 바닐라 빈 껍질을 넣고 일주일 이상 우린 뒤 사용한다.

1. 사과의 심과 씨를 애플코어로 제거한 뒤 껍질째 다이스로 썬다.
2. 실리콘 몰드(TOR160 H40)에 채우고 긁어낸 바닐라 빈 씨를 넣어 버무린 뒤 설탕을 뿌린다.
    tip 몰드는 다른 몰드나 철판으로 대체할 수 있다.
3. 쿠킹 포일로 덮고 160℃로 예열한 오븐에 20분간 굽는다. 쿠킹 포일을 제거한 뒤 골드 럼을 뿌려 10~15분간 더 굽는다.
    tip 쿠킹 포일을 덮지 않으면 수분이 날아가 시럽이 남지 않는다.
4. 체에 받쳐 시럽을 거른다.
5. 시럽을 50℃로 데우고 젤라틴 매스를 녹인다.
    tip 시럽 양은 달라질 수 있으므로 젤라틴 매스는 시럽 중량의 15~20%를 사용한다.
6. 실리콘 몰드(SF028)에 ❺의 시럽을 7g씩 깔고 ❹의 사과를 60g씩 넣는다. 힘껏 눌러 냉동실에서 하루 동안 굳힌다.
    tip 누를 때 몰드 지름에 맞춰 재단한 마분지를 사용하면 윗면을 평평하게 만들 수 있다.

C 화이트 초콜릿 몽테 크림

생크림A 175g
33% 화이트 초콜릿(발로나 오팔리스) 90g
젤라틴 매스 9g
생크림B 50g
▷ **총량 약 315g**

1. 비커에 생크림A, 화이트 초콜릿, 젤라틴 매스를 넣고 45℃로 녹인 뒤 핸드블렌더로 유화시킨다.
2. 35℃가 되면 차가운 생크림B를 넣고 다시 핸드블렌더로 유화시킨다.
3. 냉장실에서 6시간 이상 휴지한 뒤 핸드믹서로 80%까지 휘핑한다.

D 완성

1. 완전히 식힌 푀유타주 라피드에 몰드에서 분리한 캐러멜라이즈드 사과를 얹는다.
2. 화이트 초콜릿 몽테 크림을 스푼으로 자연스럽게 뜨고 ❶에 올려 완성한다.

FEUILLETAGE

FIG CASSIS PIE

무화과 카시스 파이

바삭한 결이 그대로 살아 있는 브리오슈 푀유테는 다른 재료들의 맛을 한층 돋보이게 합니다.
매력적인 붉은 빛깔과 상큼하면서도 진한 풍미의 카시스를 더해 파이의 느끼함을 잡으면서 무화과의 맛과 향을 살렸어요.
다른 파이 반죽을 활용할 경우 바삭하게 구운 뒤 콩포트와 무화과를 가득 올려보세요.

4개 분량 / 예열 온도 170℃

A 브리오슈 푀유테
충전용 판 버터(이즈니 엑스트라 드라이 버터) 125g
T45 75g
T55 175g
소금 5g
설탕 25g
탈지분유(서울우유) 12g
찬물(2℃) 65g
달걀 50g
생이스트(제니스) 10g
판 버터(이즈니 엑스트라 드라이 버터) 63g
▷ 총량 약 230g

카놀라유 약간
30보메 시럽 적당량

1   20℃로 맞춘 충전용 판 버터를 반죽 비닐로 감싼 뒤 밀대를 이용해 15×20cm로 밀고 냉장실에 보관한다.

2   후크를 끼운 스탠드믹서에 충전용 판 버터를 제외한 모든 재료를 넣고 저속 2분, 고속 7분, 다시 저속으로 2분간 믹싱한다. 글루텐 80% 이상, 반죽을 얇게 폈을 때 얇은 막이 생길 때까지 믹싱한다. 최종 반죽 온도는 24℃이다.

3   반죽을 둥글리기하고 상온에서 20분간 1차 발효한다.

A4

A5

A6

A7

A8

A9

A10

A11

	tip 덧가루를 뿌리는 대신 카놀라유를 발라 반죽이 마르는 것을 방지한다.
4	가볍게 펀칭하고 래핑해 납작하게 민다. 냉동실에서 1시간, 냉장실로 옮겨 12시간 동안 휴지한다.
	tip 바로 사용하지 않을 경우 냉동실에 보관하고 냉장실로 옮긴 뒤에는 15시간 이내로 사용한다.
5	5℃로 맞춘 반죽을 충전용 버터의 2배 길이로 밀어 편 뒤 중앙에 충전용 버터를 올린다.
	tip 충전용 버터의 온도는 10~13℃가 적당하다.
6	반죽의 양옆을 접어 충전용 버터를 감싸고 접힌 부분의 양옆 중앙을 칼로 가른다. 밀대로 가볍게 눌러 반죽과 버터를 밀착시킨다.
7	반죽을 90도 방향으로 돌리고 5mm 두께로 밀어 편 뒤 4절 접기를 한다.
8	다시 양옆의 중앙을 칼로 가르고 90도 방향으로 돌려 5mm 두께로 밀어 편 뒤 3절 접기를 한다. 양옆의 중앙을 칼로 가르고 밀대로 가볍게 민 뒤 냉동실에서 10분간 휴지한다.
9	3.5mm 두께로 밀어 편 뒤 13×13cm로 재단하고 포크로 중앙의 지름 5cm 정도를 피케^{Piquer}한다.
10	지름 14cm 은박 접시에 올리고 온도 27℃, 습도 70%에서 60분간 발효한다.
11	반죽 중앙에 유산지 컵을 올리고 타르트 누름돌을 반 정도 채운 뒤 170℃로 예열한 오븐에 15~20분간 굽는다.
12	오븐에서 꺼낸 즉시 30보메 시럽을 가볍게 바르고 160℃로 낮춰 1~2분간 더 굽는다.

B 카시스 무화과 콩포트

무화과 120g
설탕A 20g
카시스 퓌레(브와롱) 20g
레몬즙(레이지) 10g
레드 와인(G7) 10g
설탕B 15g
NH 펙틴(쿠커페이스) 3g
젤라틴 매스 18g
▷ 총량 약 210g

1 | 냄비에 무화과, 설탕A, 카시스 퓌레, 레몬즙, 레드 와인을 넣고 끓인다.
2 | 미리 섞어둔 설탕B와 펙틴을 넣고 90℃까지 끓인다.
3 | 불에서 내리고 젤라틴 매스를 넣어 녹인 뒤 바로 차갑게 식힌다. 냉장실에 보관한다.

C 완성

청무화과 150g
다진 피스타치오 5g

1 | 완전히 식힌 브리오슈 푀유테 중앙에 카시스 무화과 콩포트를 30~35g씩 올린다.
2 | 8등분한 청무화과를 올리고 다진 피스타치오를 뿌려 완성한다.

FEUILLETAGE

VANILLA FLAN

바닐라 플랑

프랑스에서도, 한국에서도 여전히 인기가 많은 플랑은 깊고 부드러운 유지방과 달걀의 풍미가 매력적인 프랑스식 에그 타르트예요.
버터 풍미가 짙은 파트 푀유테, 파트 아 퐁세 등 바삭한 식감의 반죽을 주로 사용하고 쫀쫀하면서
부드럽게 혀에 닿는 필링을 가득 채웠어요. 바닐라 플랑을 기본으로 다양한 페이스트와 초콜릿,
캐러멜 등을 접목시키면 표현할 수 있는 플레이버가 무궁무진해요.

1개 분량 / 예열 온도 170℃

A 푀유타주 클래식(2배 분량)

지름 15cm, 높이 6cm 무스 링, 지름 12.5cm, 높이 8cm 무스 링

뵈르 마니에
판 버터(이즈니 엑스트라 드라이 버터) 165g
박력분A 68g

데트랑프
강력분 79g
박력분B 78g
발효버터(엘르앤비르) 51g
찬물 65g
소금 4g
식초 1.5g
▷ 총량 약 510g

슈미제용 버터 5g

뵈르 마니에

뵈르 마니에 1

2

1 상온의 판 버터를 핸드믹서로 푼 뒤 박력분A를 넣고 고루 섞는다.

2 반죽 비닐로 감싼 뒤 밀대를 이용해 30×20cm로 밀고 냉장실에서 휴지한다.

데트랑프 1

2

2

데트랑프

1. 볼에 강력분과 박력분B, 포마드 상태의 발효버터를 넣고 핸드믹서로 고루 섞는다. 가루가 노르스름하게 보일 때까지 완전히 섞는다.
   - tip 반죽의 양이 많을 때는 스탠드믹서에 비터를 끼워 사용한다.

2. 찬물, 소금, 식초를 넣고 한 덩어리가 되면 반죽 비닐로 감싸 30×40cm로 민다. 냉장실에서 2시간 이상 휴지한다.
   - tip 글루텐이 생성돼 바로 직사각형으로 밀기가 힘들다면 냉장실에서 1시간 동안 휴지한 뒤 작업해도 된다. 단 반죽할 때 너무 많이 치대 글루텐이 과하게 활성화되지 않도록 주의한다.

감싸고 밀기

1. 데트랑프를 30×40cm로 밀고 중앙에 15℃로 맞춘 뵈르마니에를 올린 뒤 양쪽을 감싼다.

2. 3절 접기를 2회 하고 냉장실에서 최소 반나절 이상 휴지한다. 다시 3절 접기를 2회 하고 냉장실에서 반나절 동안 휴지한 뒤 3절 접기를 1회 더한다.(3절 접기 총 5회) 1회 접을 때마다 반죽을 90도 방향으로 돌린다.

3. 냉장실에서 최소 2시간 이상 휴지한 뒤 반으로 잘라 각각 3mm 두께로 밀어 편다. 1개는 틀 안쪽에 두르는 용으로 60cm 정도로 펴고, 다른 1개는 바닥에 까는 용으로 폭이 16cm 정도가 되도록 밀어 편 뒤 스파이크 롤러로 피케한다. 다시 냉장실에 넣어 2시간 동안 휴지한다.

4. 피케한 반죽은 지름 15cm 무스 링으로 찍어 가볍게 자국을 내고 5mm 정도 여유 있게 재단한다. 나머지 반죽(60cm)은 53~55×7cm 띠 모양으로 재단한다.

5. 지름 15cm 무스 링 안쪽에 버터를 바른 뒤 타공 매트를 깐 철판에 올린다. ❹의 띠 반죽을 무스 링에 둘러 밀착시킨다.
   tip 반죽이 겹치는 부분은 약 6cm 정도이다.

6. ❹의 피케한 원형 반죽을 바닥에 깔고 밀착시킨 뒤 중앙에 바깥쪽에 버터를 바른 지름 12.5cm 무스 링을 놓는다.
   tip 풍사주한 뒤 반죽이 너무 부드럽다면 타르트 누름돌을 넣기 전에 냉동실에서 굳힌다.

7. 종이 포일을 깔고 타르트 누름돌을 링 높이의 90%까지 채운 뒤 170℃로 예열한 오븐에 10~15분간 굽는다. 타르트 누름돌을 제거하고 5~8분간 더 굽는다.

B1

B2

B3

B4

B4

B 바닐라 크렘 파티시에

우유 375g
휘핑크림(프레지덩) 80g
마다가스카르 바닐라 빈 1개
달걀노른자 84g
설탕 120g
옥수수 전분 40g
33% 화이트 초콜릿(발로나 오팔리스) 72g
코냑(레미마틴) 18g
▷ 총량 약 789g

1. 냄비에 우유, 휘핑크림, 긁어낸 바닐라 빈 씨를 넣고 냄비의 가장자리 부분이 살짝 끓으면 불에서 내린다.
2. 볼에 달걀노른자, 설탕을 넣고 실리콘 주걱으로 충분히 푼 뒤 옥수수 전분을 넣어 섞는다.
3. ❷에 ❶의 일부를 넣고 섞은 뒤 ❶과 합친다. 다시 불에 올리고 휘퍼로 바닥을 저어가며 윤기가 날 때까지 끓인다.
4. 화이트 초콜릿과 코냑을 넣고 핸드블렌더로 매끈하게 유화시킨다.

C 완성

30보메 시럽(물: 설탕=1: 1.3) 15g
크리스탈 클라쎄 뉴트럴 나파쥬 글레이즈(쿠커페이스) 100g
물 15g

1. 구운 푀유타주에 바닐라 크렘 파티시에를 붓고 190℃로 예열한 오븐에 20분간 굽는다.
2. 링에서 분리한 뒤 푀유타주의 윗면과 옆면에 30보메 시럽을 바른다. 다시 오븐에 넣어 3~5분간 굽고 완전히 식힌다.
3. 냄비에 크리스탈 클라쎄 뉴트럴 나파쥬 글레이즈와 물을 넣고 살짝 데워 매끈하게 푼 뒤 ❷의 윗면에 발라 완성한다.

FEUILLETAGE

MUSCOVADO GALETTE DES ROIS

무스코바도 갈레트 데 루아

제가 가장 이상적으로 생각하는 갈레트 데 루아는 아주 가볍게 파사삭 부서지는 푀유타주 안에 촉촉하고 부드러운 크렘 프랑지판이 가득한 것이에요. 5년 이상 수백 번 테스트한 끝에 제가 원하는 맛과 식감을 정확히 구현하게 되었답니다. 다크 무스코바도 설탕의 깊은 맛은 따뜻하면서 고소한 아몬드의 풍미를 끌어냅니다. 수분감 많은 크렘 파티시에를 베이스로 한 크렘 프랑지판은 장시간 구워야 하는 갈레트 데 루아의 건조함을 완벽하게 보완하지요. 과정이 길고 복잡하지만 차근차근 단계를 밟으며 긴 겨울 동안 마스터해 보길 바랍니다.

1개 분량 / 예열 온도 160℃

A 푀유타주 앵베르세

✕ | 지름 18cm 무스 링

뵈르 마니에
판 버터A 270g
T55A 137g

데트랑프
T55B 214g
판 버터B 68g
찬물(4℃) 117g
소금 10g
▷ **총량 약 816g**

1 | 볼에 15℃로 맞춘 판 버터A를 넣고 핸드믹서로 푼 뒤 T55A를 섞는다.
　　tip 버터와 밀가루가 고루 섞여야 뵈르 마니에의 가소성이 같아지므로 꼼꼼하게 섞는다.

2 | 반죽 비닐로 감싸 18×36cm로 밀고 냉장실에서 휴지한다.

3	후크를 끼운 스탠드믹서에 T55B, 23℃로 맞춘 판 버터B를 넣고 밀가루가 노르스름해질 때까지 섞는다.
4	찬물과 소금을 넣고 한 덩어리가 될 때까지 섞는다. **tip** 처음에는 손에 달라붙는 듯하지만 조금 더 치대면 묻어나지 않는다. 너무 오래 섞으면 글루텐이 과하게 생기므로 손에 묻어나지 않는 정도가 되면 바로 멈춘다.
5	반죽 비닐로 감싸 18×18cm로 밀고 냉장실에서 휴지한다.
6	13~15℃로 맞춘 뵈르 마니에의 중앙에 데트랑프를 올리고 양쪽을 감싼 뒤 밀대로 살짝 두드려 밀착시킨다.
7	5mm 두께로 밀어 4절 접기를 한 뒤 90도로 돌려 다시 5mm 두께로 민다. 3절 접기를 하고 냉장실에서 최소 반나절 이상 휴지한다.
8	15℃로 맞춘 반죽을 고루 두드린 뒤 5mm로 밀어 3절 접기를 한번 더 한다. **tip** 4절 접기 – 3절 접기 – 3절 접기 순서로 한다.
9	냉장실에서 최소 2시간 이상 휴지한 뒤 2.5mm 두께로 밀어 펴고 다시 2시간 동안 휴지한다

A9

B1

B2

B 크렘 파티시에(3배 분량)

우유 100g

달걀노른자 20g

달걀 9g

설탕 20g

커스터드 파우더(선인) 13.2g

발효버터 5g

▷ **총량 약 138g**

1 | 냄비에 우유를 넣고 데운다.

2 | 볼에 달걀노른자, 달걀, 설탕을 넣고 섞은 뒤 커스터드 파우더를 넣고 실리콘 주걱으로 섞는다.

3 | ❶의 일부를 ❷에 넣어 섞은 뒤 ❶과 합친다. 약불에서 저어가며 크렘 앙글레즈 정도의 농도가 될 때까지 천천히 끓인다.
　　 tip 일반적인 크렘 파티시에와 비교해 매우 묽기 때문에 너무 익지 않도록 주의하며 농도를 맞춘다.

4 | 불에서 내리고 발효버터를 넣어 섞는다.

B3

B4

C1

C2

C2

C2

C2

C 크렘 다망드(3배 분량)

발효버터 105g
다크 무스코바도 설탕(썬앤지) 81g
아몬드 파우더 105g
커스터드 파우더 10.8g
소금 2.7g
달걀 63g
▷ 총량 약 338g

1   볼에 포마드 상태의 발효버터와 다크 무스코바도 설탕을 넣고 핸드믹서로 섞는다.
     tip 버터를 25℃ 정도의 포마드 상태로 준비하고 설탕을 넣은 뒤 가볍게 섞어 공기가 최대한 들어가지 않도록 한다. 공기가 들어가면 오븐에서 구울 때 많이 부풀고 식감도 촉촉하지 않다. 소량이라면 실리콘 주걱만 사용해도 좋다.

2   아몬드 파우더와 커스터드 파우더, 소금, 상온의 달걀을 넣고 고루 섞는다

D 크렘 프랑지판

크렘 다망드 112g
크렘 파티시에 38g
럼(바카디 골드) 6g
▷ 총량 약 150g

1   볼에 크렘 다망드와 상온의 크렘 파티시에를 2회 나눠 넣고 핸드믹서로 섞은 뒤 럼을 넣어 섞는다. 808 깍지를 끼운 짜주머니에 넣은 뒤 냉장실에서 단단해질 때까지 휴지한다.
     tip 미리 만들어두고 냉동실에 보관해도 된다. 사용하기 전날 냉장실로 옮겨 텍스처를 맞춘다.

D1

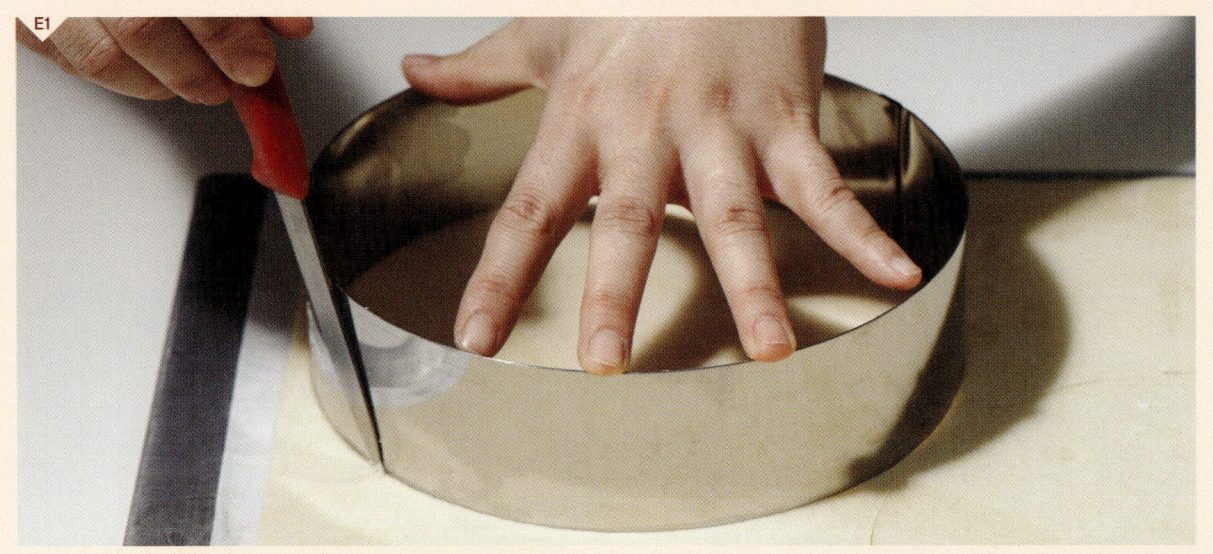

E 완성
통아몬드 또는 페브 1개
덱스트로스 적당량

달걀물
달걀흰자 7g
달걀노른자 25g
휘핑크림(프레지덩) 2g

1 푀유타주 앵베르세 위에 지름 18cm 무스 링을 대고 칼로 2장 재단한다.
   tip 포크로 같은 위치에 방향을 표시해 두거나 기억해야 90도로 돌려 반죽을 덮을 때 방향이 헷갈리지 않는다.

2 반죽 1장의 가장자리를 따라 3cm 정도 안쪽에 붓으로 물을 얇게 바른다.
   tip 물을 너무 많이 바르면 잘 붙지 않으므로 붓을 행주에 닦아가며 최대한 얇게 바른다.

3 가장자리로부터 2cm 안쪽에 크렘 프랑지판을 달팽이 모양으로 돌려 짠 뒤 한쪽에 구운 통아몬드를 올린다. 페브(도자기 인형)가 있다면 페브를 올린다.

4 포크로 나머지 반죽의 중앙에 피케한다.

5 ❹를 90도로 틀어 ❸에 올리고 가장자리를 꼼꼼하게 붙인다.

6 달걀물 재료를 섞고 고운체에 내린다. ❺를 뒤집어서 테플론 시트를 깐 철판에 올린 뒤 윗면에 달걀물을 얇게 도레한다. 냉장실에서 10분간 휴지하고 한 번 더 도레한다.

E7

E8

7 반죽이 붙은 옆면을 칼등을 이용해 일정한 간격으로 비스듬히 자국을 낸다.
  tip 가장자리를 붙여 봉합하고 틀어지지 않게 하기 위함이다.

8 돌림판에 올리고 나무 꼬치로 중심을 표시한 뒤 칼로 문양을 넣는다.

9 문양을 따라 칼로 4~5군데를 찔러 구멍을 낸다.

10 160℃로 예열한 데크 오븐에 45~50분간 구운 뒤 덱스트로스를 뿌리고 190℃로 올려 5분간 더 굽는다. 바로 식힘 망으로 옮기고 식혀 완성한다.
  tip 철판에서 그대로 식히면 식감이 눅눅해진다. 바삭한 식감을 위해 오븐에서 나오자마자 바로 식힘 망으로 옮긴다.

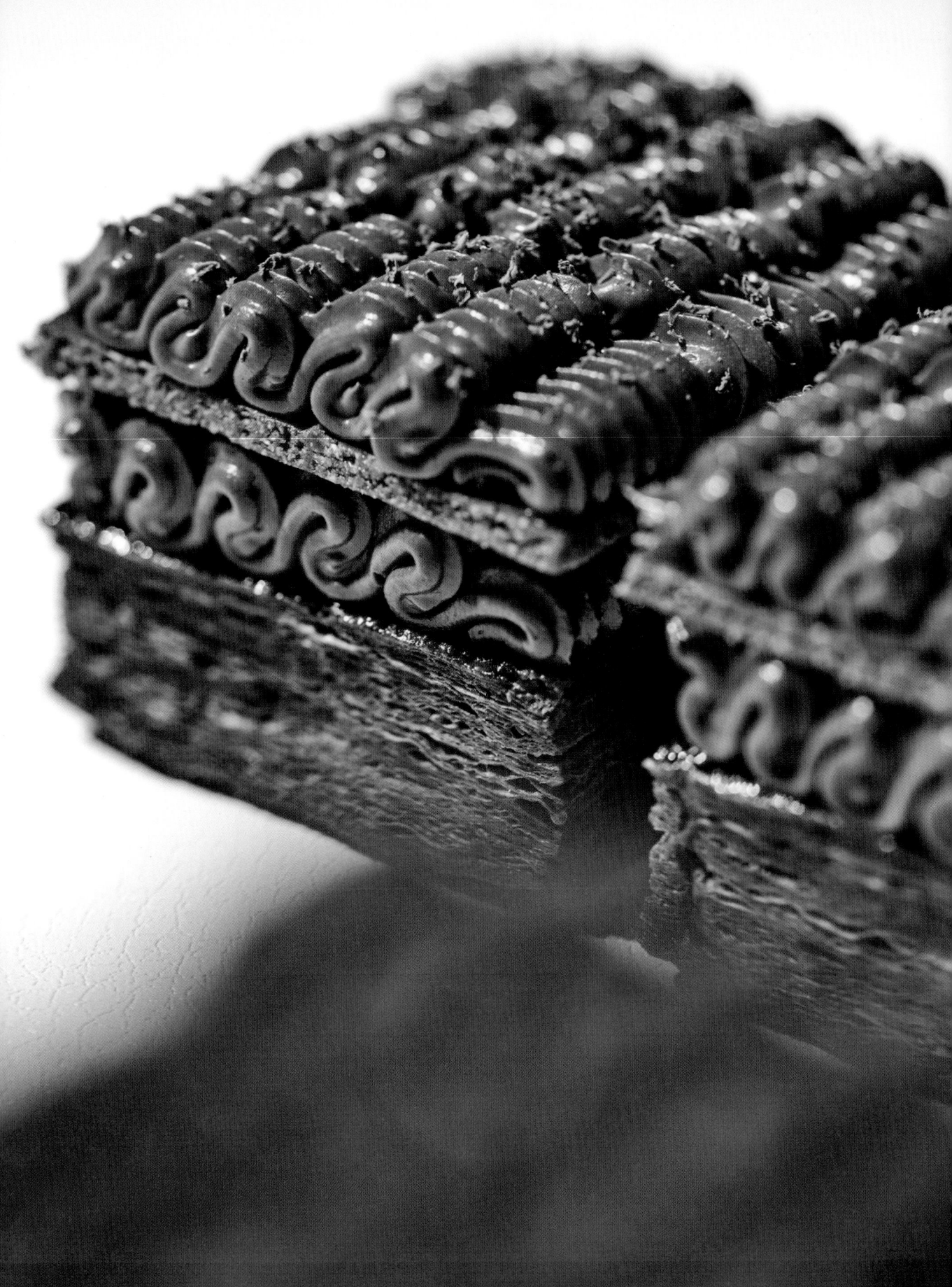

FEUILLETAGE

CHOCOLATE MILLEFEUILLE

초콜릿 밀푀유

저는 밀푀유를 정말 좋아해요. 초콜릿 밀푀유는 흔히 볼 수 없는데 늘 먹고 싶어서 직접 만들게 되었어요.
제가 가장 이상적으로 생각하는 초콜릿의 맛과 식감을 간결하게 담아냈어요. 입에 넣는 순간 사라지는 크레뫼와
바삭하게 씹히는 헤이즐넛 프랄리네 크루스티앙은 묵직하게 부서지는 초콜릿 푀유타주와 하나로 어우러져요.
작은 한 조각만으로도 마음이 꽉 차는 맛이에요.

8개 분량 / 예열 온도 170℃

A 초콜릿 푀유타주

뵈르 마니에
판 버터A(이즈니 엑스트라 드라이 버터) 200g
코코아 파우더(발로나) 40g

데트랑프
T65 트래디션 125g
T45 125g
판 버터B(이즈니 엑스트라 드라이 버터) 65g
찬물(4℃) 95g
식초 5g
소금 5g
▷ **총량 약 655g**

덱스트로스 적당량

뵈르 마니에

1 | 볼에 15℃로 맞춘 판 버터A를 넣고 핸드믹서로 부드럽게 푼 뒤 코코아 파우더를 섞는다.

2 | 반죽 비닐로 감싸 15×15cm로 민 뒤 냉장실에 보관한다.

뵈르 마니에 1

2

데트랑프 1

데트랑프

1. 후크를 끼운 스탠드믹서에 2가지 밀가루, 상온의 판 버터B를 넣고 저속으로 반죽한다. 밀가루와 버터가 고루 섞여 노르스름하면서 보슬보슬해질 때까지 섞는다.
2. 찬물과 식초, 소금을 넣은 뒤 한 덩어리로 뭉쳐지고 표면이 약간 매끈해질 때까지 반죽한다.
3. 래핑한 뒤 15×30cm로 밀어 냉장실에서 2시간 동안 휴지한다.
   - tip 글루텐이 생성돼 바로 직사각형으로 밀기가 힘들다면 냉장실에서 1시간 동안 휴지한 뒤 작업해도 된다.

감싸고 밀기

1. 데트랑프를 반죽 비닐로 감싸 15×30cm로 민다.
2. 반죽 중앙에 15℃로 맞춘 뵈르 마니에를 올린 뒤 양옆을 접어 버터가 나오지 않도록 꼼꼼하게 감싼다. 밀대로 가볍게 눌러 반죽과 버터를 밀착시킨다.
3. 7mm로 밀어 펴고 3절 접기를 한다. 90도 방향으로 돌린 뒤 5mm로 밀고 4절 접기를 한다.
   - tip 1회 접었을 때 반죽이 너무 무르다면 냉장실에서 잠시 휴지한 뒤 작업한다.
4. 공기가 닿지 않도록 꼼꼼하게 래핑한 뒤 냉장실에서 2시간 이상 휴지한다.

감싸고 밀기 1

2

3

4

5

6

078

5 ③과 ④ 과정을 한 번 더 반복한 뒤 3절 접기를 한다.
   tip 3절 접기 – 4절 접기 – 3절 접기 – 4절 접기 – 3절 접기 순서로 한다.

6 래핑해 냉장실에서 하루 동안 휴지하고 4mm로 밀어 편 뒤 종이 포일을 깐 철판에 올린다. 스파이크 롤러로 충분히 피케하고 래핑한 뒤 냉장실에서 2시간 이상 휴지한다.

7 8×6cm로 재단한 뒤 유산지를 깐 철판에 올리고 타공 매트 2장을 올린다.

8 170℃로 예열한 오븐에 15분간 굽고 160℃로 낮춰 10분간 구운 뒤 윗면에 덱스트로스를 뿌린다.

9 170℃에서 3~5분간 더 굽고 완전히 식힌다.

B1

C1

C2

B 헤이즐넛 페이스트

구운 헤이즐넛(공주 상회) 110g
플뢰르 드 셀 1.2g
▷ 총량 약 100g

tip 헤이즐넛은 160℃로 예열한 오븐에 15분간 굽는다.

1 | 푸드프로세서에 모든 재료를 넣고 페이스트 상태가 될 때까지 간다.

C 헤이즐넛 프랄리네 크루스티앙

66% 다크 초콜릿(발로나 까라이브) 26g
카카오 매스(깔리바우트) 7g
카카오버터(카카오바리) 11g
헤이즐넛 페이스트 96g
파에테 포요틴(카카오바리) 56g
▷ 총량 약 185g

1 | 볼에 다크 초콜릿, 카카오 매스, 카카오버터, 헤이즐넛 페이스트를 넣고 45℃로 녹인 뒤 고루 섞는다.
2 | 파에테 포요틴을 넣고 섞는다.
3 | 초콜릿 전사지 사이에 끼우고 3mm 두께로 민 뒤 냉동실에서 굳힌다.
4 | 앞뒤 전사지를 떼어내고 6×4.5cm로 재단한다.

C3

C4

D 초콜릿 크레뫼

66% 다크 초콜릿(발로나 까라이브) 220g

우유 150g

휘핑크림(프레지덩) 150g

달걀노른자 45g

설탕 75g

발효버터 40g

▷ 총량 약 640g

1. 비커에 다크 초콜릿을 넣고 45℃로 녹인다.
2. 냄비에 우유, 휘핑크림을 넣고 냄비 가장자리가 끓을 때까지 데운다.
3. 볼에 달걀노른자와 설탕을 넣고 충분히 섞은 뒤 소량의 ❷를 넣어 갠다.
4. ❷와 합치고 78~82℃까지 가열해 앙글레즈를 만든다. 체에 내려 ❶과 섞는다.
5. 핸드블렌더로 매끈하게 유화시키고 상온에서 30℃까지 식힌다.
6. 20℃로 맞춘 발효버터를 넣고 핸드블렌더로 유화시킨 뒤 볼로 옮긴다. 랩을 표면에 밀착시키고 냉장실에서 휴지한다. 파이핑할 수 있을 정도의 질감이 되면 사용한다.

E1

E2

E2

E 완성

66% 다크 초콜릿(발로나 까라이브) 1~2개

1 | 부드럽게 푼 초콜릿 크레뫼를 859 깍지를 끼운 짜주머니에 넣고 완전히 식힌 초콜릿 푀유타주에 프릴 모양을 살려 3줄 파이핑한다.

2 | 헤이즐넛 프랄리네 크루스티앙을 올리고 다시 초콜릿 크레뫼를 3줄 파이핑한다.

3 | 다크 초콜릿을 제스터로 갈아 뿌려 완성한다.

MACARON

ORANGE MANGO PASSION FRUIT MACARON

오렌지 망고 패션프루트 마카롱

망고와 패션프루트의 새콤달콤함을 그대로 담은 마카롱이에요. 귤 오렌지 콩포트에 카다몬의 터치를 더해
이국적인 느낌 물씬 나도록 만들어보았습니다. 상쾌하면서도 살짝 매콤한 향을 가진 카다몬은
제가 정말 좋아하는 향신료 중 하나인데요. 제과에는 가벼운 향을 지닌 그린 카다몬을 사용하는 것을 추천합니다.
코크 하나하나에 파이핑한 뒤 짝을 맞춰 샌딩하는 작업은 늘 마음에 평온함을 주지요.
가나슈와 콩포트 중 한 가지로만 샌딩해도 좋습니다.

20개 분량 / 예열 온도 160°C

A 오렌지 옐로 비스퀴 마카롱

슈거파우더 105g
아몬드 파우더 105g
달걀흰자 79g
설탕 79g
수용성 식용 색소 골든 옐로 3g
수용성 식용 색소 선셋 오렌지 0.5g
▷ 총량 약 360g

1 | 블렌더에 슈거파우더와 아몬드 파우더를 넣고 간 뒤 체 친다.
  tip 너무 오래 갈면 아몬드 파우더에서 유분이 나올 수 있으므로 가볍게 간다.

2 | 달걀흰자는 75~80% 정도 휘핑한 뒤 설탕을 4~5회 나눠 넣는다.
  tip 설탕을 너무 일찍 넣으면 공기가 잘 들어가지 않아 힘과 볼륨감이 있는 머랭이 형성되지 않는다. 이 상태에서 가루 재료를 넣고 섞으면 마카로나주를 하지 못할 정도로 묽어지므로 주의한다.

3 | 90% 머랭을 올린 뒤 색소를 넣고 섞는다.

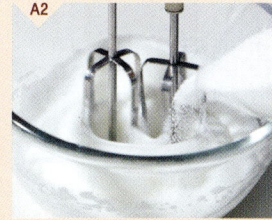

4	❶에 머랭의 70% 정도만 먼저 넣고 가볍게 섞는다.
5	나머지 머랭을 넣고 고루 섞은 뒤 마카로나주한다. 803 깍지를 끼운 짜주머니에 넣는다.
6	테플론 시트를 깐 철판에 ❺를 지름 3.5cm 크기로 짜고 철판의 바닥을 두드려 고루 편다.
7	컨벡션 오븐이나 상온에서 손으로 만졌을 때 묻어나지 않을 때까지 건조한다. 160℃로 예열한 오븐에서 약 12~13분간 굽는다. **tip** 컨벡션 오븐에서 건조 시 40℃(바람)로 맞추고 문을 조금 열어둔 채 10~20분 정도 둔다.

B 망고 패션프루트 가나슈

33% 화이트 초콜릿(발로나 오팔리스) 113g
카카오버터 11g
망고 퓌레(브와롱) 50g
패션프루트 퓌레(브와롱) 46g
▷ 총량 약 214g

| 1 | 비커에 망고 패션프루트 가나슈 재료를 모두 넣고 전자레인지에 돌려 45℃로 맞춘다. |
| 2 | 초콜릿이 완전히 녹고 전체적으로 40℃가 되면 핸드블렌더로 매끈하게 유화시킨다. 볼에 옮기고 랩을 표면에 밀착시킨다. 냉동실에서 30분간 휴지하고 냉장실로 옮겨 짤 수 있을 정도의 점도로 맞춘다. |

C 귤 오렌지 카다몬 콩포트(2배 분량)

귤 과육 300g
오렌지 과육 88g
설탕 79g
오렌지 제스트 5g
직접 짠 레몬즙 20g
카다몬 파우더(심플리 오가닉) 2.2g
젤라틴 매스 7g
▷ 총량 약 200g

1. 냄비에 카다몬 파우더와 젤라틴 매스를 제외한 재료를 넣고 고루 젓는다. 냉장실에서 하루 동안 휴지해 수분이 배어나도록 한다.
2. 핸드블렌더로 과육을 으깨고 센 불로 끓여 수분을 날린다. 약불로 줄여 50~55브릭스가 될 때까지 끓인다. 수분이 살짝 남아 있는 정도면 적당하다.
3. 카다몬 파우더, 젤라틴 매스를 넣고 섞은 뒤 완전히 식힌다.

D 완성

1. 비스퀴 마카롱은 2개씩 짝을 맞춘다.
2. 한쪽에 망고 패션프루트 가나슈를 짠다.
3. 가나슈 중앙에 귤 오렌지 카다몬 콩포트를 5g씩 짠다.
4. 다른 한쪽으로 덮어 샌딩한 뒤 냉장실에서 하루 동안 숙성한다.

tip 숙성 후 먹어야 코크가 촉촉하면서 쫀득해지고 가나슈와 콩포트가 하나로 어우러진다.

MACARON

TOMATO OLIVE MACARON

토마토 올리브 마카롱

마카롱을 잘 만들기 위해서는 머랭에 대한 이해가 뒷받침돼야 해요. 머랭을 올리는 것부터
마카로나주, 파이핑까지 모든 과정에서 능숙함이 필요하지요.
무엇보다 단단하면서 볼륨감이 안정적인 머랭을 만들 수 있어야 코크가 예쁘게 나오는데요.
프렌치 머랭, 이탈리안 머랭, 스위스 머랭 모두 마찬가지예요. 여러 번 반복해서 연습하면서 머랭의 볼륨감과 텍스처를
면밀히 파악하는 것이 무엇보다 중요합니다. 원하는 식감과 모양으로 코크를 만들 수 있으면 응용하기는 정말 쉽거든요.

20개 분량 / 예열 온도 160℃

A 비스퀴 마카롱
슈거파우더 105g
아몬드 파우더 105g
달걀흰자 79g
설탕 79g
▷ 총량 약 360g

올리브 그린 마카롱 색소
수용성 식용 색소 리프 그린 0.7g
수용성 식용 색소 골든 옐로 1.5g
수용성 식용 색소 리프 선셋 오렌지 2.3g

레드 마카롱 색소
수용성 식용 색소 크리스마스 레드 9.2g
수용성 식용 색소 레드 3.2g
수용성 식용 색소 리프 그린 0.4g

1 블렌더에 슈거파우더와 아몬드 파우더를 넣고 간 뒤 체 친다.
   tip 너무 오래 갈면 아몬드 파우더에서 유분이 나올 수 있으므로 가볍게 간다.

2 볼에 달걀흰자를 넣고 75~80% 정도 휘핑한 뒤 설탕을 4~5회 나눠 넣는다.
   tip 설탕을 너무 일찍 넣으면 공기가 잘 들어가지 않아 힘과 볼륨감이 있는 머랭이 형성되지 않는다. 이 상태에서 가루 재료를 넣고 섞으면 마카로나주를 하지 못할 정도로 묽어지므로 주의한다.

3	90% 머랭을 올린 뒤 색소를 넣고 섞는다.
4	❶에 머랭의 70% 정도만 먼저 넣고 가볍게 섞는다.
5	나머지 머랭을 넣고 고루 섞은 뒤 마카로나주한다. 803 깍지를 끼운 짜주머니에 채운다.
6	테플론 시트를 깐 철판에 ❺를 지름 3cm 크기로 짜고 철판 바닥을 두드려 고루 편다.
7	컨벡션 오븐이나 상온에서 손으로 만졌을 때 묻어나지 않을 때까지 건조한다. 160℃로 예열한 오븐에서 약 12분간 굽는다. **tip** 컨벡션 오븐에서 건조 시 40℃(바람)로 맞추고 문을 조금 열어둔 채 10~20분 정도 둔다. 동일한 방법으로 2가지 색 코크를 준비한다.

B 토마토 콩포트(2배 분량)

달짝이 토마토(손질 후) 280g
설탕 20g
레몬 제스트 1g
직접 짠 레몬즙 4g
소금 1g
젤라틴 매스 11g
▷ **총량 약 131g**

1. 끓는 물에 토마토를 가볍게 데친 뒤 껍질을 벗겨 다이스로 썬다.
2. 냄비에 설탕, 레몬 제스트, 직접 짠 레몬즙, 소금과 함께 넣고 중불로 끓인다.
3. 토마토가 부드러워지면 약불로 줄이고 천천히 수분을 날린다.
4. 총량이 120g이 되면 불에서 내리고 젤라틴 매스를 넣어 녹인다.
5. 얼음볼에 올려 차갑게 식힌 뒤 핸드블렌더로 간다.

C1

C2

C3

C3

C4

D1

D2

C 올리브 오일 가나슈

33% 화이트 초콜릿(발로나 오팔리스) 117g
마다가스카르 바닐라 빈 ¼개
생크림 47g
엑스트라 버진 올리브 오일(베제카) 67g
▷ 총량 약 231g

1. 비커에 화이트 초콜릿과 긁어낸 바닐라 빈 씨, 생크림을 넣고 전자레인지에 돌려 40~45℃로 맞춘다.
2. 초콜릿이 완전히 녹고 전체적으로 40℃가 되면 핸드블렌더로 유화시킨다.
3. 엑스트라 버진 올리브 오일을 3~4회 나눠 넣으며 핸드블렌더로 1분 이상 유화시킨다.
   tip 올리브 오일이 뜨지 않고 윤기가 나면서 걸쭉한 텍스처가 돼야 한다. 올리브 오일을 한번에 넣거나 먼저 넣은 오일이 유화되지 않은 상태에서 오일을 추가하면 쉽게 분리되기 때문에 조금씩 나눠 넣으며 충분히 유화시킨다.
4. 볼에 옮기고 랩을 표면에 밀착시킨 뒤 냉장실에서 약 1시간 동안 휴지한다. 상온에 두고 짤 수 있는 점도(약 15℃)로 맞춘 뒤 802 깍지를 끼운 짤주머니에 넣는다.

D 완성

1. 코크를 2개씩 짝을 맞춘 뒤 잠시 냉장실에 넣어 차갑게 준비한다.
2. 한쪽에 15℃ 정도로 맞춘 올리브 오일 가나슈를 짠다.
3. 가나슈 중앙에 토마토 콩포트를 5g씩 짠다.
4. 다른 한쪽으로 덮어 샌딩하고 바로 냉동실에 넣는다. 10분 뒤 냉장실로 옮겨 하루 동안 숙성한다.
   tip 숙성 후 먹어야 코크가 촉촉하면서 쫀득하고 가나슈와 콩포트가 하나로 어우러진다.

VERRINE

MELON WHITE WINE SPEARMINT VERRINE

참외 화이트 와인 스피어민트 베린

참외의 아삭함과 참외씨의 오도독오도독한 식감을 활용한 베린입니다. 기본 판나코타 레시피에 스피어민트를 인퓨징해 청량한 풍미를 더했어요. 산뜻한 화이트 발사믹 비니거는 단맛이 강한 참외의 맛을 더 돋보이게 하죠. 화이트 와인 폼을 만들기 위해서는 버블 키트가 필요한데 없다면 생략해도 괜찮아요. 이 구성 그대로 플레이팅 디저트로 연출해도 좋습니다.

6개 분량

A 스피어민트 판나코타

11.5×7×5cm 타원형 용기

우유 168g
스피어민트 7.8g
생크림 120g
설탕 42g
젤라틴 매스 21.6g

▷ 총량 약 352g

1 비커에 우유와 스피어민트를 넣고 핸드블렌더로 가볍게 간 뒤 하루 동안 냉침한다.
2 고운체에 거르고 손실된 양만큼 우유를 보충한 뒤 냄비에 붓는다.
3 생크림과 설탕을 넣고 50℃까지 데운 뒤 젤라틴 매스를 녹인다.
4 25℃ 이하로 식혀 용기에 58g씩 담고 냉장실에서 굳힌다.

A1

A2

A3

A4

B 참외씨 젤리

참외즙 162g
설탕 18g
젤라틴 매스 27g
참외씨 96g
▷ 총량 약 303g

1. 참외는 껍질을 깎고 씨 부분을 긁어낸다. 칼을 이용해 씨만 남기고 심을 제거한다.
2. 과육은 핸드블렌더로 갈고 고운체에 거른다.
3. 냄비에 ❷와 설탕을 넣고 50℃까지 가열한 뒤 젤라틴 매스를 녹인다.
4. 20℃ 이하로 맞춘 뒤 심을 제거한 참외씨를 넣는다.
5. 굳힌 스피어민트 판나코타 위에 47g씩 붓고 다시 냉장실에 넣어 굳힌다.

C 참외 절임

참외 ½개
물 150g
설탕 150g
화이트 발사믹 비니거(레오나르디 모데나 오르 노빌레) 36g

1. 참외는 깨끗이 씻어 껍질째 2mm 두께로 슬라이스한다.
2. 냄비에 물, 설탕을 넣고 설탕이 녹을 때까지 끓여 식힌 뒤 화이트 발사믹 비니거를 넣는다.
3. ❶에 붓고 15분간 절인 뒤 체에 받쳐 물기를 제거한다.

D1

D2

D3

D 화이트 와인 폼

물 35g
설탕 35g
화이트 와인(코노수르 비씨클레타 샤도네이) 120g
라임즙 60g
레시틴(쿠커페이스) 2g
잔탄검 0.5g
▷ 총량 약 252g

1. 냄비에 물, 설탕을 넣고 설탕이 녹을 때까지 끓인 뒤 식힌다.
2. 비커에 ❶과 화이트 와인, 라임즙, 레시틴, 잔탄검을 넣고 핸드블렌더로 고루 섞는다.
3. 큰 용기에 옮겨 담고 버블 키트(쿠커페이스) 이용해 고운 거품을 낸다.

E 완성

1. 냉장실에서 꺼낸 참외씨 젤리 위에 참외 절임을 10~20g씩 올린다.
2. 화채 스푼을 이용해 화이트 와인 폼을 군데군데 올려서 완성한다. 다양한 허브로 장식해도 좋다.

PAVLOVA

WATERMELON CILANTRO MINT PAVLOVA

수박 고수 민트 파블로바

상상하지 못한 재료 조합이 치명적인 매력을 발산해요. 자칫하면 무겁게 느껴질 수 있는 구아바와 멜론의 단맛을 풋풋한 고수와 민트, 수분감 넘치는 수박이 완벽하게 잡아줍니다. 강렬한 산미로 킥이 되는 베르가모트 젤리는 선택이 아닌 필수예요. 전체적으로 가벼운 식감을 주기 위해 얇은 파블로바 머랭을 더했어요. 고수를 싫어하는 저도 정말 좋아하는 레시피이니 여름에 꼭 만들어보세요.

3개 분량

A 파블로바 머랭(스위스 머랭)
(파블로바용 약 10개, 5mm 두께 판 머랭 3장 분량)

✂ | 지름 7cm 링,

슈거파우더A 325g
알부민 5g
달걀흰자 325g
슈거파우더B 325g
▷ 총량 약 980g

컬러 쌍백당
쌍백당 250g
수용성 식용 색소 골든 옐로 5방울
수용성 식용 색소 리프 그린 3방울

1 | 볼에 쌍백당과 색소를 넣고 손으로 비벼서 색을 입힌다.
2 | 돌림판 바닥에 5×5cm로 재단한 종이 포일을 깔고 높이 7cm 무스 필름을 감싼 지름 7cm 링을 올린다. 테이프로 고정한 뒤 바깥쪽을 24×6cm로 자른 종이 포일로 한 번 더 감싼다.
3 | 체 친 슈거파우더A와 알부민을 고루 섞는다.
4 | 스탠드믹서 볼에 달걀흰자와 ❸을 넣고 고루 섞은 뒤 중탕 볼에 올려 휘퍼로 저어가며 50℃까지 데운다.

A1

A2

A3

A4

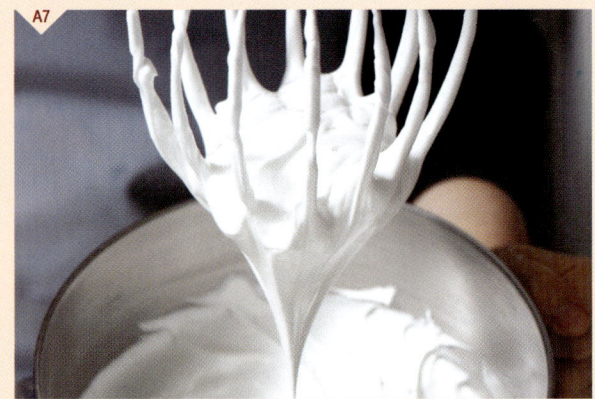

5	중탕 볼에서 내리고 휘퍼를 끼운 스탠드믹서로 옮겨 중속으로 휘핑한다.
6	85% 머랭이 되면 스탠드믹서를 멈추고 체 친 슈거파우더B를 넣은 뒤 실리콘 주걱으로 가볍게 섞는다.
7	다시 스탠드믹서를 작동시키고 중속으로 휘핑해 고루 섞는다.
8	103 깍지를 끼운 짜주머니에 넣고 ❷에 5cm 높이로 파이핑한다.
9	링과 무스 필름을 제거하고 삼각 스패츌러로 조심히 들어 타공 팬으로 옮긴다.
10	남은 머랭을 테플론 시트에 올리고 30cm 자와 5mm 각봉을 사용해 일정한 두께로 편다.
11	각봉을 제거한 뒤 컬러 쌍백당을 뿌린다.
12	❾와 ⓫을 50℃로 예열한 오븐에 넣어 1~2시간 동안 건조한다. 남은 머랭은 802 깍지를 끼운 짜주머니에 넣고 상온에 보관한다.
13	❾를 오븐에서 꺼내 종이 포일을 떼어내고 짜주머니에 넣어둔 머랭을 바닥에 5mm 두께로 짠다.
14	완전히 건조될 때까지 50℃를 유지하며 약 3시간 동안 말린다.

B 베르가모트 젤리

✂ | 10×13.5cm 바트

베르가모트 퓌레(브와롱) 96g
물 124g
설탕 46g
카카(쿠커페이스) 4.5g
잔탄검 1g
▷ 총량 약 270g

1. 냄비에 체에 거른 베르가모트 퓌레, 물, 미리 섞어둔 설탕과 카카를 함께 넣어 휘퍼로 저어가며 100℃까지 끓인다.
2. 비커에 옮겨 잔탄검을 넣고 핸드블렌더로 섞는다.
3. 바트에 붓고 토치로 기포를 제거한다. 냉장실에서 휴지한 뒤 완전히 굳으면 스푼으로 긁어 사용한다.

C 구아바 멜론 소스(2배 분량)

구아바 퓌레(브와롱) 184g
멜론 퓌레(선인 베리베리) 58g
설탕 60g
줄리(쿠커페이스) 2.3g
▷ 총량 약 304.3g

1. 냄비에 구아바 퓌레, 멜론 퓌레, 미리 섞어둔 설탕과 줄리를 함께 넣고 실리콘 주걱으로 저어가며 100℃까지 끓인다.
2. 비커에 옮기고 랩을 표면에 밀착시킨 뒤 냉장실에서 휴지한다. 완전히 굳힌 뒤 실리콘 주걱으로 가볍게 풀고 핸드블렌더로 간다.

D1

D2

D **수박 콩포트**

수박 과육 223g
구아바 멜론 소스 144g
고수 잎 2.4g
스피어민트 0.3g
레몬즙 11.5g
레몬 제스트 0.7g
▷ **총량 약 380g**

1 | 수박은 껍질과 씨를 제거하고 사방 1.5cm 다이스로 썬다.

2 | 구아바 멜론 소스에 ❶과 잘게 다진 고수 잎, 스피어민트, 레몬즙, 레몬 제스트를 넣고 섞는다.

E 수박 샹티이 크림

생크림 117g
설탕 29g
마스카르포네 치즈 25g
무가당 플레인 요거트 19g
수박 리큐어(마리 브리자드) 5g
체리 리큐어(키르슈) 5g
▷ 총량 약 200g

1. 볼에 생크림, 설탕, 마스카르포네 치즈를 넣고 실리콘 주걱으로 마스카르포네 치즈를 볼 벽에 비비면서 푼다.
2. 얼음볼에 올리고 핸드믹서로 70% 정도 휘핑한다.
3. 요거트와 비슷한 텍스처가 되면 플레인 요거트, 수박 리큐어, 키르슈를 넣고 80%까지 휘핑한다.

F 완성

허브(레드 소렐, 고수 잎, 스피어민트) 약간
컬러 쌍백당 약간

1. 파블로바 머랭 안에 수박 콩포트를 ⅓ 높이로 채우고 수박 샹티이 크림을 50g 올린다.
2. 머랭의 높이까지 수박 콩포트를 채우고 위에 베르가모트 젤리를 10g씩 올린다.
3. 크게 부순 판 머랭을 올린다.
4. 허브로 장식하고 컬러 쌍백당을 뿌려 완성한다.

PARFAIT

PEACH PARFAIT

복숭아 파르페

파르페에 여름 복숭아의 향을 가득 담았어요.
이국적인 향의 레몬그라스와 산미가 돋보이는 베르가모트로 맛에 포인트를 주었어요.
복숭아의 풍미가 진한 소르베에 고소하게 씹히는 그래놀라와 매끄러운 복숭아 젤리를 더해 먹는 재미가 있답니다.
그릭 요거트와도 가볍게 즐길 수 있는 요소가 많으니 다양하게 활용해 보세요.

3개 분량

A 복숭아 소르베

물 45g
설탕 50g
덱스트로스 17g
트리몰린 7g
레몬즙 5g
복숭아(천도·백도) 200g
▷ 총량 약 320g

1 | 냄비에 물을 붓고 40℃로 데운 뒤 설탕, 덱스트로스, 트리몰린을 넣어 85℃까지 가열한다.
2 | 20℃ 이하로 식혀 레몬즙을 넣는다.
3 | 복숭아는 각각 껍질을 벗겨 씨를 제거하고 ❷를 부은 뒤 핸드블렌더로 곱게 간다.
4 | 파코젯 용기에 넣고 냉동실에서 4시간 이상 얼린다.

B 레몬그라스 복숭아 조림

백도(딱딱한 것) 250g
레몬그라스 25g
물 100g
설탕 40g
레몬즙 10g
자몽 리큐어(디종 자몽) 5g

1. 복숭아는 껍질을 벗기고 씨를 제거한 뒤 2~2.5cm 다이스로 썬다. 복숭아 껍질은 버리지 말고 남겨둔다.
2. 레몬그라스는 손으로 껍질을 벗긴다.
3. 냄비에 ❶과 ❷, 복숭아 껍질, 물, 설탕, 레몬즙을 넣고 중불에 10분 정도 끓인다. 아삭함이 남아 있을 때 불을 끈다.
4. 바로 얼음볼에 올려 30℃ 이하로 식히고 자몽 리큐어를 넣은 뒤 냉장실에서 하루 동안 숙성한다.

C1

C1

C2

C3

C3

C3

C 그래놀라

피칸 18g
건살구 8g
설타나 8g
오트밀 45g
슬라이스 아몬드 13g

시럽

무스코바도 설탕 25g
메이플시럽 20g
꿀 2.5g
시나몬 파우더 0.5g
엑스트라 버진 올리브 오일 15g
소금 1g
▷ **총량 약 135g**

1. 피칸, 건살구, 설타나를 5mm 크기로 다지고 견과류와 피칸, 건과일을 각각 볼에 담아둔다.
2. 시럽 재료는 냄비에 넣고 휘퍼로 저어가며 거품이 바글바글 올라올 때까지 끓인다.
3. 시럽이 뜨거울 때 오트밀과 견과류에 붓고 고루 섞은 뒤 테플론 시트를 깐 철판에 평평하게 펼친다.
4. 110℃로 예열한 오븐에 총 40분간 굽는다. 20분 정도 지났을 때 한 번 뒤집어 고루 섞고 펼쳐서 다시 굽는다.
5. 35분이 지나면 건살구, 설타나를 넣고 고루 섞은 뒤 5분 더 굽는다. 완전히 식힌 뒤 밀봉해 보관한다.

D1

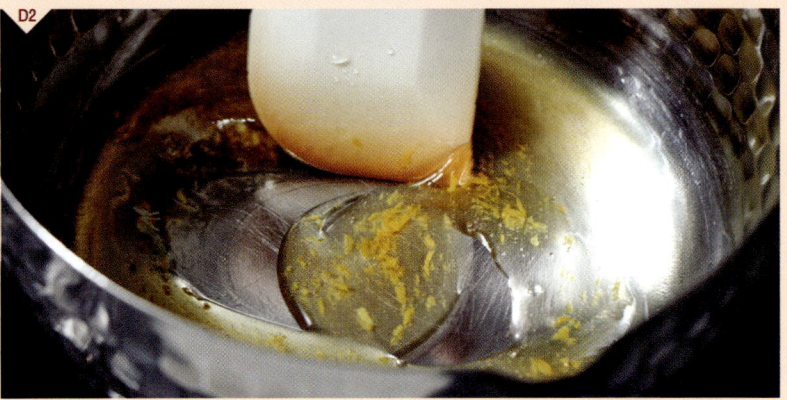

D2

D3

E1

E2

122

D 베르가모트 소스

베르가모트 퓌레(브와롱) 100g
꿀 50g
레몬 제스트 2g
오렌지 제스트 2g
살구 리큐어(디종 애프리콧) 2g
▷ 총량 약 70g

1. 냄비에 베르가모트 퓌레, 꿀, 레몬 제스트, 오렌지 제스트를 넣고 저어가며 중불로 끓인다.
2. 70g이 될 때까지 졸인 뒤 얼음볼에 올려 30℃ 이하로 식힌다.
3. 살구 리큐어를 넣고 섞은 뒤 고운체에 제스트를 거른다. 냉장실에 보관한다.

E 베르가모트 크림

크림치즈(끼리) 90g
설탕 20g
사워크림(덴마크) 18g
생크림 9g
베르가모트 소스 39g
▷ 총량 약 175g

1. 볼에 차가운 상태의 크림치즈와 설탕을 넣고 핸드믹서로 고루 섞는다.
2. 사워크림과 생크림을 넣고 가볍게 휘핑한다.
3. 베르가모트 소스를 넣고 실리콘 주걱으로 가볍게 섞은 뒤 804 깍지를 끼운 짜주머니에 넣는다.

E3

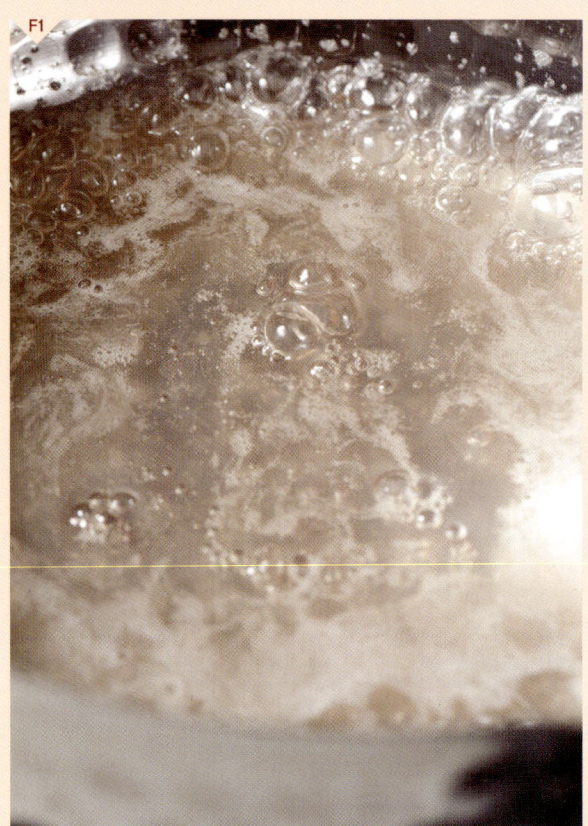

F 복숭아 젤리

레몬그라스 복숭아 조림 시럽 110g
설탕 6g
NH 펙틴 1g
젤라틴 매스 16g
▷ 총량 약 120g

1. 레몬그라스 복숭아 조림의 시럽을 40℃까지 끓인 뒤 미리 섞어둔 설탕과 펙틴을 넣고 90℃까지 끓인다.
2. 불에서 내린 뒤 젤라틴 매스를 넣는다.
3. 체에 걸러 바트(10×13.5cm)에 붓는다. 냉장실에서 굳힌 뒤 원하는 모양으로 재단해 사용한다.

G 복숭아 파우더

복숭아 껍질 20g
▷ 총량 약 9g

1. 복숭아 껍질을 테플론 시트에 올리고 60℃로 맞춘 식품건조기에서 4시간 이상 말린다.
2. 수분이 없이 바삭한 상태가 되면 푸드프로세서에 간다.

H1

H2

H3

H4

H5

H5

126

H 완성

🍴 **크리슨 마티니잔 칵테일 홈텐딩 글라스 150ml(MT1901)**

복숭아 약간

수국 약간

1	단단하게 언 복숭아 소르베를 파코타이징한다.
2	레몬그라스 복숭아 조림을 키친타월에 올려 물기를 제거한다.
3	파르페잔에 복숭아 젤리를 40g씩 깐다.
4	베르가모트 크림을 40g씩 짠다. **tip** 새콤한 맛을 더 내고 싶다면 베르가모트 소스를 크림 위에 3g씩 올려준다.
5	핀셋으로 생복숭아 과육과 레몬그라스 복숭아 조림을 올린다.
6	2가지 복숭아 소르베(천도, 백도)를 1스쿱(40g)씩 떠서 올린다.
7	그래놀라를 올리고 베르가모트 소스를 뿌린다.
8	체 친 복숭아 파우더를 뿌리고 수국으로 장식해 완성한다.

03
LOISIR PASTRY
SCHOOL
MASTER CLASS

OU

구웠을 때 동그랗게 터진 모양이 양배추와 닮아 프랑스어로 양배추를 뜻하는 '슈^{Chou}'라고 불린다. 주재료는 물, 버터, 밀가루, 달걀이며 물과 버터, 소금을 함께 가열하고 밀가루를 넣어 호화시킨 뒤 달걀을 섞어서 만든다. 완성된 반죽은 매끈하면서 윤기가 나고 주걱으로 들어 올려 떨어뜨렸을 때 역삼각형으로 탄력 있고 깔끔하게 늘어지는 점도를 지닌다. 반죽에 수분을 많이 함유하고 있으며 요즘은 제품의 형태에 맞춰 수분의 양을 조절하기도 한다. 파이핑 방식에 따라 다양한 형태를 만들 수 있으며 철판에 파이핑한 뒤 오븐에서 20~30분 정도 구우면 볼륨감 있게 부푼다.

완벽한 슈의 조건

(1) 모양
봉긋한 반구형으로 부풀고 황금빛 갈색을 띤다. 내부에 빈 공간이 생기고 껍질의 두께는 적당히 얇아야 한다. 보통 부풀면서 윗면이 터져 거친 모양이 되는데 요즘은 터짐 없이 매끈한 슈가 더 인기가 많다. 이를 위해서는 반죽이 너무 되직하지 않고 충분한 수분을 함유해야 한다. 또 전분을 확실하게 호화시키고, 파이핑한 뒤 오븐에 굽기 전 분당이나 슈거파우더를 뿌려 표면의 건조를 늦춰야 한다. 특히 컨벡션 오븐을 사용할 경우 표면이 마르기 쉬우므로 물보다는 분당이나 슈거파우더를 뿌리는 것을 추천한다.

(2) 식감
겉은 바삭하면서 단단하고 속은 살짝 촉촉해야 한다. 반죽의 수분이 수증기로 변하면서 팽창하기 때문에 기본적으로 수분의 함량이 매우 높다. 그래서 오븐에서 구울 때 볼륨이 형성되고 구움색이 완벽하게 나면 오븐의 문을 살짝 열어 수증기를 배출해야 한다. 이렇게 반죽의 수분을 모두 날려야 바삭한 식감이 완성된다. 크림을 채웠을 때는 바삭한 슈와 부드러운 크림이 조화롭게 어우러져야 한다. 슈를 아무리 잘 구워도 크림을 채우면 수분을 흡수해 금방 눅눅해질 수밖에 없다. 따라서 안에 크림을 채운 뒤 서비스까지의 시간을 최대한 단축하는 것이 중요하다. 또 크림의 특성에 맞춰 반죽의 배합이나 굽는 정도를 조절해야 한다. 당일 생산, 당일 판매 원칙을 지키고 제품 판매 시간을 명확히 정해놓는 것을 추천한다.

슈 반죽에서 재료의 역할

1. 슈 안에 공간을 만드는 재료

(1) 물과 달걀
슈 반죽에는 물과 달걀이 들어가며 다른 반죽에 비해 수분 함량이 높다. 수분은 오븐에서 반죽이 가열되는 과정에서 수증기압을 형성해 부피를 늘리고 이를 통해 반죽이 크게 부풀어 오르게 한다.

2. 슈의 껍질을 형성하는 재료

(1) 밀가루
밀가루를 물과 함께 가열해 호화시키면 반죽에 점성이 생긴다. 이를 오븐에 구우면 호화가 추가적으로 진행되며 반죽이 팽창하고, 수분이 조금씩 증발하면서 단단한 형태가 잡힌다. 수분이 완전히 날아가면 반죽은 단단한 껍질을 형성하게 되고 더 이상 가라앉지 않는다.

(2) 버터
슈 반죽은 글루텐이 과하게 형성되지 않고 부드러운 점성을 지녀야 잘 팽창한다. 처음에 넣은 버터가 녹으며 밀가루의 글루텐 형성을 억제하고 전분의 점성을 낮춰 반죽이 잘 늘어나게 된다.

(3) 달걀
달걀노른자는 버터를 넣은 반죽과 수분이 섞일 때 두 재료를 유화시키는 역할을 한다. 또 주수분원으로서 오븐에서 달걀 속 수분이 팽창하며 반죽 내부에 빈 공간을 만든다. 그리고 달걀의 단백질 열응고성으로 인해 표면이 응고되며 형태가 단단하게 잡힌다.

슈 반죽을 굽는 과정

(1) 오븐 속 뜨거운 공기가 슈 반죽의 표면에 직접적으로 닿으면서 수증기를 가두는 얇은 막을 형성한다.
(2) 열이 직접 닿는 바닥 부분부터 수분이 급속하게 수증기로 변하면서 팽창하고 내부에 빈 공간이 생기기 시작한다.
(3) 반죽의 전체 온도가 100℃에 도달하지 않은 상태에서 수증기가 서서히 생성되기 시작하면 작은 공기 주머니들이 열팽창하면서 유동성이 있는 반죽의 중앙으로 모여들어 빈 공간이 점점 커진다.
(4) 빈 공간이 점차 커지면서 반죽의 두께가 얇아지고 풍선처럼 부풀어 오른다.
(5) 반죽의 표면이 완전히 익으면 수증기가 내부의 빈 공간을 넓히려고 해도 더이상 반죽이 늘어나지 않아 부풀어 오르지 않는다. 그러나 내부에서는 여전히 반죽을 밀어 올리려는 수증기의 압력이 강하게 작용해 표면에 균열이 생기고 그 틈을 이용해 껍질이 좀 더 부풀어 오른다.
(6) 갈라진 안쪽 부분까지 완전히 익어서 굳으면 전체적으로 단단하게 형태가 잡힌다.

버터를 완전히 녹여야 하는 이유

반죽의 점성이 과하면 슈가 크게 부풀지 못하거나 구멍이 생긴다. 반죽이 부풀어 오를 때 찢어지지 않고 더 크게 팽창하기 위해서는 잘 늘어나는 상태여야 한다. 버터는 글루텐 형성을 억제하고 점성을 약하게 한다. 처음부터 버터를 넣고 완전히 녹인 뒤 밀가루를 섞으면 밀가루 입자 사이사이에 버터 유지가 흡수되면서 호화된 전분에 적당한 점성이 생기고 글루텐도 과하게 생성되지 않는다.

반죽을 한 덩어리로 만든 후 다시 재가열하는 이유

반죽을 한 덩어리로 만든 뒤 다시 불에 올려 볶는 과정을 '데세셰^{Dessecher}'라고 한다. 끓인 액체에 밀가루를 섞으면 반죽의 온도가 떨어지므로 이를 재가열해 온도를 높이고 다시 한번 호화시키는 과정이다. 이때 완벽하게 호화시키는 것이 중요하다. 한 덩어리로 뭉친 반죽을 눌러 냄비 바닥에 넓게 폈다가 다시 뭉치는 작업을 반복해 반죽 전체에 열이 고루 전달되도록 한다. 반죽의 양이 적으면 빠르게 호화되지만 양이 많아지면 열 전달에 시간이 걸리기 때문에 천천히 호화시켜야 한다. 반죽이 완벽하게 호화되면 약간 힘 없이 부드러워지면서 포슬포슬한 질감이 된다. 바닥에 막이 생기거나 반죽이 동그랗게 말리는 모습만을 보고 호화 정도를 판단하기는 어렵다. 불 세기나 냄비의 두께, 반죽의 양에 따라 상태가 달라지기 때문이다. 따라서 확실한 텍스처를 기억하고 눈으로 익혀 상태를 확인하는 것이 중요하다.

호화가 끝난 반죽에 달걀을 다시 섞는 이유

(1) 슈가 부풀기 위해 필요한 수분을 공급한다.
슈 반죽 내부에 빈 공간을 만들려면 충분한 수분이 필요하다. 그래서 호화가 끝난 뒤 달걀을 더해 수분을 보충한다.

(2) 달걀노른자의 유화 작용으로 유지의 분산을 안정시킨다.
호화가 끝나면 점성이 생긴 반죽에 유지인 버터가 섞여 있는 상태이다. 이때 반죽 속 유지가 잘 유화돼야 더 잘 부푼다. 이때 중요한 역할을 하는 것이 바로 달걀노른자이다. 반죽이나 달걀 속 수분과 버터의 유지를 달걀노른자에 들어 있는 레시틴이 유화시켜 유지를 미세한 입자로 나누고 고르게 분산시킨다.

달걀과 달걀흰자로 슈 반죽을 만들어 비교해 보면 달걀노른자의 중요성을 알게 된다. 달걀흰자는 유화제 역할을 하지 못하므로 달걀흰자만 넣은 반죽은 분리가 일어나 매끄럽지 않고 부풀어 오르지도 않는다. 슈 반죽이 제대로 부풀기 위해서는 완벽한 유화가 필수적이다.

(3) 껍질을 단단하게 만든다.
수분이 필요하다면 달걀 대신 물을 추가하거나 처음부터 물의 양을 늘리면 되지 않을까 생각할 수 있다. 그러나 달걀의 단백질은 오븐에서 부풀어 오른 슈 반죽이 익는 동안 열에 의해 응고되면서 단단하게 형태를 잡을 수 있도록 돕는다.

슈 반죽이 제대로 완성되었는지 확인하는 방법

(1) 자잘한 덩어리 없이 매끈하며 윤기가 난다.
유지와 수분이 완벽하게 유화되면 반죽은 매끄럽고 부드러우며 구웠을 때 크게 부풀어 오른다. 반면 반죽이 분리되면 제대로 부풀지 않는다.

(2) 적당히 되직하고 너무 묽지 않아야 한다.
실리콘 주걱으로 반죽을 크게 들어서 수직으로 세워 떨어뜨렸을 때 반죽이 역삼각형 모양으로 늘어지는 상태가 돼야 한다.

(3) 35℃ 정도로 따뜻해야 한다.
반죽이 식으면 호화된 전분이 점점 겔화되면서 점성이 증가한다. 그러면 질감을 보고 반죽의 상태를 정확히 판단하기 어려워진다. 또 반죽 온도가 달라지면 오븐에서 부푸는 정도도 달라질 수 있다. 달걀은 실온 상태로 준비해 과감하게 나눠 넣은 뒤 빠르게 섞는다. 천천히 여러 번 나눠 넣으면 반죽이 식을 수 있기 때문이다. 수분을 추가해야 한다면 반죽이 식기 전에 따뜻한 온도로 맞춰 넣고 빠르게 점도를 확인한다.

오븐에서 잘 부풀던 슈가 순간 갑자기 가라앉는 이유
슈 반죽은 수분의 함량이 높아 수증기의 힘으로 팽창한다. 굽는 과정에서 많은 수증기가 발생해 다 구워진 것처럼 보여도 실제로는 여전히 많은 수분이 남아 있다. 이 상태에서 오븐 문을 열면 내부 수분이 완전히 증발하지 않아 반죽이 갑자기 가라앉거나 껍질이 축축해질 수 있다.
슈 반죽을 구울 때는 오븐에 모든 철판을 한 번에 넣고 굽는 동안 절대 문을 열면 안 된다. 구움 색이 제대로 나고 형태가 단단하게 잡힌 뒤에 오븐의 문을 열 수 있다. 오븐에 송풍관이 있는 경우 이를 열고 조금 더 구워 오븐 안의 수증기를 모두 배출한다. 송풍관이 없는 경우 문을 살짝 연 채로 조금 더 굽는다. 잘 부푼 슈는 만졌을 때 건조해야 한다.

LOISIR PASTRY
SCHOOL
MASTER CLASS
CHOU

밀가루의 종류에 따른 차이

박력분을 사용하면 껍질이 얇고, 강력분을 사용하면 껍질이 두껍다.
강력분은 단백질 함량이 높아 글루텐이 생성되기 쉬우므로 강력분으로
슈 반죽을 만들면 비록 소량이기는 하지만 글루텐이 생성된다.
반죽에 글루텐이 생성되면 점성이 생기고 단단해져 크게 팽창하기 어렵다.
그만큼 반죽이 덜 부풀기 때문에 껍질이 두껍고 질감도 단단하다.
따라서 밀가루 종류를 바꿀 때는 글루텐 형성이 반죽에 미치는 영향을 고려해야 한다.

슈 반죽의 풍미를 좋게 하는 방법

슈 반죽에 넣는 물의 일부를 우유로 대체하면 반죽의 풍미가 좋아진다.
또 우유 속 단백질 덕분에 마이야르 반응이 더욱 촉진돼 구웠을 때 색이 진하고 풍미도 고소하다.

CACAO NIBS CHOCOLATE SAINT HONORÉ

카카오닙스 초콜릿 생토노레

쌉싸래한 카카오닙스와 깊이 있는 밀크 초콜릿, 다크 초콜릿의 조합으로 카카오 그 자체를 즐길 수 있는 생토노레입니다. 코코아 파우더를 베이스로 하면서 전혀 달지 않은 초콜릿 푀유타주는 당도가 있는 크림을 감싸며 전체적인 밸런스를 맞춰주죠. 쫀득한 텍스처의 두 가지 가나슈 크림과 경쾌하게 부서지는 코팅 캐러멜의 상반된 식감은 이 제품의 포인트가 됩니다. 생토노레에는 제과 전체를 아우르는 테크닉이 포함되어 있으니 상급자라면 무조건 도전해 보세요.

6개 분량

A 초콜릿 푀유타주(2배 분량)

뵈르 마니에
판 버터(이즈니 엑스트라 드라이 버터) 200g
코코아 파우더(발로나) 40g

데트랑프
T65 트래디션 125g
T45 125g
버터 65g
찬물(4~6℃) 95g
식초 5g
소금 5g
▷ 총량 약 655g

덱스트로스 적당량

뵈르 마니에
1 볼에 15℃로 맞춘 버터를 넣고 핸드믹서로 부드럽게 푼 뒤 코코아 파우더를 섞는다.

2 반죽 비닐로 감싸 15×15cm로 민 뒤 냉장실에 보관한다.

뵈르 마니에 1

2

데트랑프 1

2

데트랑프

1. 후크를 끼운 스탠드믹서에 2가지 밀가루, 상온의 버터를 넣고 저속으로 반죽한다. 밀가루와 버터가 고루 섞여 노르스름하면서 보슬보슬해질 때까지 섞는다.

2. 찬물과 식초, 소금을 넣은 뒤 한 덩어리로 뭉쳐지고 표면이 약간 매끈해질 때까지 반죽한다.

3. 래핑한 뒤 15×15cm로 밀고 냉장실에서 2시간 동안 휴지한다.
    tip 글루텐이 생성돼 바로 직사각형으로 밀기가 힘들다면 냉장실에서 1시간 동안 휴지한 뒤 작업해도 된다.

감싸고 밀기

1. 데트랑프를 반죽 비닐로 감싸 15×30cm로 민다.
2. 반죽 중앙에 15℃로 맞춘 뵈르 마니에를 올린 뒤 양옆을 접어 버터가 나오지 않도록 꼼꼼하게 감싼다. 밀대로 가볍게 눌러 반죽과 버터를 밀착시킨다.
3. 6mm로 밀어 펴고 3절 접기를 한다. 90도 방향으로 돌려 5mm로 민 뒤 4절 접기를 한다.
   tip 1회 접었을 때 반죽이 너무 무르다면 냉장실에서 잠시 휴지한 뒤 작업한다.
4. 공기가 닿지 않도록 꼼꼼하게 래핑한 뒤 냉장실에서 2시간 이상 휴지한다.
5. ❸과 ❹ 과정을 한 번 더 반복한 뒤 3절 접기를 한다.
   tip 3절 접기 - 4절 접기 - 3절 접기 - 4절 접기 - 3절 접기 순서로 한다.
6. 래핑해 냉장실에서 하루 동안 휴지하고 4mm로 밀어 편 뒤 종이 포일을 깐 철판에 올린다. 스파이크 롤러로 충분히 피케하고 래핑한 뒤 냉장실에서 2시간 이상 휴지한다.
7. 테플론 시트를 깐 민철판 ❻을 올리고 타공 매트로 덮는다.
8. 170℃로 예열한 오븐에 20분간 굽고 150℃로 낮춰 20분간 굽는다. 철판을 올려 뒤집은 뒤 5분간 더 굽는다.
9. 윗면에 덱스트로스를 뿌리고 3~5분간 굽는다.
10. 완전히 식힌 뒤 9×9cm로 재단한다.

B1

B2

B 크라클랭(50개 분량)

발효버터 60g
흑설탕 60g
T55 70g
블랙 코코아 파우더(반호튼) 1.8g
코코아 파우더 3.6g
▷ **총량 약 195g**

1 | 볼에 18℃로 맞춘 발효버터를 넣고 핸드믹서로 가볍게 푼 뒤 흑설탕을 넣어 섞는다.

2 | 체 친 T55, 블랙 코코아 파우더, 코코아 파우더를 넣고 날가루가 없어질 때까지 섞는다.

3 | 작업대로 옮겨 프레제한다. 초콜릿 전사지 사이에 끼운 뒤 양옆에 3mm 각봉을 대고 일정한 두께로 민다.

4 | 냉동실에서 굳힌 뒤 앞뒤 전사지를 떼고 지름 3.3cm 원형 커터로 재단한다. 다시 냉동실에서 굳힌다.

C 파트 아 슈

물 50g
우유 50g
설탕 6g
소금 0.3g
발효버터 44g
T55 60g
코코아 파우더 3g
달걀 110g
▷ 총량 약 300g

슈거파우더 적당량

1. 냄비에 물, 우유, 설탕, 소금, 발효버터를 넣고 끓여 버터를 완전히 녹인다.
2. 냄비 가운데까지 끓으면 불에서 내리고 체 친 T55와 코코아 파우더를 넣고 날가루가 없도록 고루 섞는다.
3. 다시 불에 올려 실리콘 주걱으로 반죽을 넓게 펼쳤다가 모아서 뒤집는 것을 반복하며 고르게 열을 전달해 완전히 호화시킨다(힘 없이 포슬포슬한 상태).
   tip 불이 너무 세면 냄비가 쉽게 타므로 중불 정도가 적당하다.
4. 볼로 옮기고 핸드믹서로 가볍게 섞어 뜨거운 열기를 날린 뒤 상온의 달걀을 2~3회 나눠 넣으며 윤기가 나고 매끈해질 때까지 섞는다.
   tip 완성된 반죽의 온도가 35℃ 이하로 떨어지지 않도록 조금 빠르게 작업한다. 온도가 떨어지면 반죽이 되직해져서 정확한 확인이 어렵기 때문이다.
5. 완성된 반죽을 실리콘 주걱으로 높이 든 뒤 떨어뜨려 점도를 확인한다. 너무 되직하면 우유를 추가한다.
   tip 차가운 우유를 넣으면 반죽의 온도가 떨어지므로 50~60℃로 데워 사용한다.
6. 803 깍지를 끼운 짜주머니에 넣고 타공 매트에 지름 2.5cm 크기로 짠다. 손에 물을 묻혀 반죽의 윗면을 매끈하게 정리한다.
7. 슈거파우더를 가볍게 2회 뿌리고 크라클랭을 올린다. 170℃로 예열한 오븐에 30분간 구운 뒤 송풍관을 열고 5분간 더 굽는다.

D1

D2

D 카카오닙스 프랄리네(4배 분량)

물 30g

설탕 88g

진하게 구운 헤이즐넛 150g

카카오닙스(카카오바리) 65g

플뢰르 드 셀 1.5g

카놀라유 20g

▷ **총량 약 310g**

1 | 냄비에 물과 설탕을 넣고 210℃까지 끓인다.

2 | 불에서 내리고 구운 헤이즐넛, 카카오닙스, 플뢰르 드 셀을 넣고 고루 섞은 뒤 테플론 시트를 깐 철판에 펼쳐 식힌다.

3 | 푸드프로세서에 넣고 곱게 간 뒤 카놀라유를 조금씩 부어가며 묽은 농도가 될 때까지 간다.

E1

E2

E 다크 초콜릿 가나슈 크림

휘핑크림A(프레지덩) 156g
물엿 52g
젤라틴 매스 19.5g
66% 다크 초콜릿(발로나 까라이브) 130g
휘핑크림B 234g
▷ 총량 약 575g

1. 비커에 휘핑크림A, 물엿, 젤라틴 매스, 다크 초콜릿을 넣고 45℃로 녹인 뒤 핸드블렌더로 유화시킨다.
2. 35℃ 이하로 식으면 휘핑크림B를 넣고 유화시킨다. 깨끗한 볼로 옮기고 랩을 표면에 밀착시켜 냉장실에 보관한다.

F 카카오닙스 가나슈 크림

휘핑크림A(프레지덩) 150g
카카오닙스 프랄리네 76g
66% 다크 초콜릿(발로나 카라이브) 66g
40% 밀크 초콜릿(발로나 지바라 라떼) 66g
젤라틴 매스 20g
물엿 50g
휘핑크림B 124g
▷ 총량 약 532g

1. 비커에 휘핑크림A, 카카오닙스 프랄리네, 다크 초콜릿, 밀크 초콜릿, 젤라틴 매스, 물엿을 넣고 45℃로 녹인 뒤 핸드블렌더로 유화시킨다.
2. 35℃ 이하로 식으면 휘핑크림B를 넣고 유화시킨다. 깨끗한 볼로 옮기고 랩을 표면에 밀착시켜 냉장실에 보관한다.

G1

G2

148

G 코팅 캐러멜

물엿 200g
물 200g
설탕 800g
수용성 식용 색소 브라운(셰프 마스터) 0.2g

1 　냄비에 물엿, 물, 설탕을 넣고 170℃까지 끓인다.
2 　불에서 내리고 색소를 넣어 고루 섞은 뒤 얼음물에 올려 식힌다. 기포가 잔잔해지면 사용한다.

H 완성

실리코마트 SF005

1 　카카오닙스 가나슈 크림을 가볍게 풀어 802 깍지를 끼운 짜주머니에 넣는다.
2 　슈 바닥에 3mm 깍지로 구멍을 뚫고 ❶을 가득 채운다.

H3

H3

H4

H5

3 | 슈의 윗면을 코팅 캐러멜에 디핑하고 실리콘 몰드에 뒤집어 넣는다. 완전히 식으면 몰드에서 분리한다.

4 | 재단한 푀유타주의 네 귀퉁이에 각각 ❸을 올린 뒤 중앙과 슈 사이사이에 카카오닙스 가나슈 크림을 35g씩 파이핑한다.

5 | 다크 초콜릿 가나슈 크림을 핸드믹서로 80%까지 휘핑하고 685 깍지를 끼운 짜주머니에 넣는다.

6 | 슈 사이사이에 2단으로 파이핑하고 중앙에 ❸을 하나 더 올려 완성한다.

CHOU

CASHEW NUT CARAMEL PARIS BREST

캐슈너트 캐러멜 파리 브레스트

파리 브레스트는 슈를 활용한 제품 중에서도 특히 많은 사랑을 받는데요. 완성도 높은 파리 브레스트를 만들기 위해서는 호화 정도를 판단할 수 있는 눈과 파이핑 기술이 필요해요. 단순히 파트 아 슈를 만드는 과정을 따라 하기보다는 재료들과 그 사이에서 발생하는 호화 과정에 대한 과학적 이해가 필요합니다. 파이핑을 하는 기술적인 부분은 여러 번 반복하고 노력하다 보면 저절로 손에 익을 거예요. 또 슈가 오븐에서 구워지는 원리를 정확하게 이해한 뒤 내가 가지고 있는 오븐의 사양에 맞춰 완벽하게 색을 내고 건조하는 과정을 익혀야 해요. 이후로는 여러 재료로 응용할 수 있는데요. 저는 단맛이 매력적인 캐슈너트와 캐러멜을 조합해 보았어요. 크렘 무슬린은 과정이 좀 복잡하지만 제과의 기본 중 기본이고 절대 배신하지 않는 맛이니 확실히 배워두세요.

5개 분량

A 크라클랭
발효버터 50g
설탕 62g
박력분 63g
소금 0.3g
▷ 총량 약 170g

도레용 달걀흰자 20g
자라메 설탕 4g
다진 캐슈너트(160℃ 15분간 로스팅) 20g
해바라기씨 15g

1 | 볼에 18℃로 맞춘 발효버터를 넣고 핸드믹서로 푼 뒤 설탕을 넣어 섞는다.

A1

A2

A3

2   체 친 박력분, 소금을 넣고 섞은 뒤 한 덩어리로 뭉친다.

3   초콜릿 전사지 사이에 끼운 뒤 양옆에 2mm 각봉을 대고 일정한 두께로 민다. 냉동실에서 굳힌다.

4   앞뒤 전사지를 떼고 지름 5.5cm 원형 커터로 재단한 뒤 중앙을 805 깍지를 이용해 뚫는다.

5   달걀흰자를 풀어 ❹에 도레하고 자라메 설탕, 다진 캐슈너트, 해바라기씨를 뿌린 뒤 냉동실에 보관한다.

B 파트 아 슈

우유A 50g
물 50g
발효버터 44g
설탕 6g
소금 2g
중력분 60g
달걀 92g
우유B 10g
▷ **총량 약 280g**

슈거파우더 적당량

1. 냄비에 우유A, 물, 발효버터, 설탕, 소금을 넣고 버터가 완전히 녹을 때까지 전체적으로 끓인 뒤 불에서 내린다.
2. 체 친 중력분을 넣고 실리콘 주걱으로 날가루가 없도록 고루 섞는다.
3. 다시 불에 올려 실리콘 주걱으로 반죽을 넓게 펼쳤다가 모아서 뒤집는 것을 반복하며 고르게 열을 전달해 완전히 호화시킨다(힘 없이 포슬포슬한 상태).

   tip 불이 너무 세면 냄비가 쉽게 타므로 중불 정도가 적당하다.

4. 볼로 옮기고 핸드믹서로 가볍게 섞어 뜨거운 열기를 날린다. 상온의 달걀, 우유B를 2~3회 나눠 넣어가며 윤기가 나고 매끈해질 때까지 섞는다.

   tip 완성된 반죽의 온도가 35℃ 이하로 떨어지지 않도록 조금 빠르게 작업한다. 온도가 떨어지면 반죽이 되직해져 정확한 확인이 어렵기 때문이다.

5. 완성된 반죽을 실리콘 주걱으로 크게 든 뒤 떨어뜨려 점도를 확인한다. 너무 되직하면 우유를 추가한다.

   tip 차가운 우유를 넣으면 반죽의 온도가 떨어지므로 50~60℃로 데워 사용한다.

6. 195K 깍지를 끼운 짜주머니에 넣고 타공 매트를 깐 철판에 지름 4.2cm 링 모양으로 짠다.
7. 손에 물을 묻혀 모양을 정리하고 슈거파우더를 2회 뿌린 뒤 크라클랭을 올린다.
8. 170℃로 예열한 오븐에 25~30분간 굽는다. 130℃로 낮춘 뒤 오븐의 문을 살짝 열고 5~10분간 완전히 말린다.

   tip 중간에 오븐의 문을 열면 수증기가 빠져나가 슈의 중앙이 가라앉을 수 있으므로 구움 색이 완전히 나기 전까지는 절대로 문을 열지 않는다.

C 크렘 파티시에

우유 108g
생크림 12g
마다가스카르 바닐라 빈 ¼개
달걀노른자 27g
설탕 11g
박력분 6g
옥수수 전분 7g
카카오버터 7g
젤라틴 매스 15g
발효버터 19g
▷ 총량 약 180g

1. 냄비에 우유, 생크림, 긁어낸 바닐라 빈 씨를 넣고 가장자리가 살짝 끓으면 불에서 내린다.
2. 볼에 달걀노른자와 설탕을 넣고 실리콘 주걱으로 충분히 푼 뒤 체 친 박력분과 옥수수 전분을 넣어 섞는다.
3. ❷에 ❶의 일부를 넣고 섞은 뒤 ❶과 합친다. 다시 불에 올리고 실리콘 주걱으로 바닥을 잘 저어가며 윤기가 날 때까지 끓인다.
4. 카카오버터, 젤라틴 매스, 발효버터를 넣고 섞은 뒤 체에 내린다. 랩을 표면에 밀착시키고 냉장실에 보관한다.

D 크렘 앙글레즈(3배 분량)

우유 63g
달걀노른자 45g
설탕 30g
▷ 총량 약 126g

1. 냄비에 우유를 넣고 살짝 데운다.
2. 볼에 달걀노른자와 설탕을 넣고 실리콘 주걱으로 충분히 섞는다.
3. ❶과 합치고 약불에서 78℃까지 가열한 뒤 체에 내린다.

160

E 이탈리안 머랭(3배 분량)

설탕 87g
물 32g
달걀흰자 48g
▷ 총량 약 144g

1 냄비에 설탕, 물을 넣고 118℃까지 끓여 시럽을 만든다.
2 볼에 달걀흰자를 넣고 ❶을 넣어가며 핸드믹서로 휘핑해 85% 머랭을 만든다.

F 크렘 오 뵈르(3배 분량)

발효버터 279g
크렘 앙글레즈 126g
이탈리안 머랭 132g
▷ 총량 약 510g

1 상온의 발효버터에 20~23℃로 맞춘 크렘 앙글레즈를 3~4회 나눠 넣으며 핸드믹서로 뽀얗게 휘핑한다.
2 20~25℃로 맞춘 이탈리안 머랭을 2회 나눠 넣으며 휘핑해 유화시킨다.
tip 크렘 앙글레즈와 이탈리안 머랭의 온도를 맞추지 않고 버터와 섞으면 버터가 녹거나 유화가 제대로 되지 않는다. 반드시 사용 전 온도를 확인한다.

G 캐슈너트 프랄리네

물 30g

설탕 100g

구운 캐슈너트 200g

소금 4g

카놀라유 45g

▷ **총량 약 345g**

1. 냄비에 물과 설탕을 넣고 210℃로 끓인다.
2. 구운 캐슈너트와 소금을 넣고 가볍게 섞은 뒤 테플론 시트를 깐 철판에 펼친다.
3. 완전히 식혀 부순 뒤 푸드프로세서에 넣고 파우더 상태가 될 때까지 간다. 카놀라유를 넣고 한 번 더 갈아 페이스트 상태를 만든다.

H 크렘 무슬린

크렘 오 뵈르 170g

크렘 파시티에 180g

캐슈너트 프랄리네 70g

▷ **총량 약 410g**

1. 크렘 오 뵈르는 핸드믹서로 뽀얗게 휘핑한 뒤 부드럽게 푼 크렘 파티시에를 2~3회 나눠 넣으며 휘핑해 유화시킨다.
   🔴 **tip** 크렘 파티시에를 냉장실에서 꺼내 바로 사용하면 온도가 너무 낮아 유화시킬 때 분리될 수 있다. 미리 냉장실에서 꺼내 찬기를 뺀 뒤 매끈하게 풀어 사용한다.
2. 캐슈너트 프랄리네를 넣고 섞는다.
   🔴 **tip** 완성 후 크림이 뽀얗지 않고 무게감이 느껴진다면 얼음볼에 올려 온도를 낮춘 뒤 충분히 휘핑한다.

I 캐러멜 아파레유

설탕 76g
물엿 74g
물A 18g
생크림 36g
연유 74g
물B 36g
소금 2g
발효버터 50g
▷ 총량 약 310g

1. 냄비에 설탕, 물엿, 물A를 넣고 210~220℃까지 끓여 캐러멜을 만든다.
2. 불을 끄고 60℃ 이상으로 데운 생크림, 연유, 물B, 소금, 발효버터를 2~3회 나눠 넣고 실리콘 주걱으로 섞는다.
3. 비커로 옮기고 핸드블렌더로 매끈하게 유화시킨 뒤 완전히 식혀 짜주머니에 넣는다.

J 완성

다진 캐슈너트 적당량

1. 완전히 식힌 슈를 가로로 2등분한다.
2. 캐슈너트 프랄리네를 짜주머니에 넣고 아래쪽 슈에 짠다.
3. 크렘 무슬린을 846 깍지를 끼운 짜주머니에 넣고 ❷에 짠 뒤 캐러멜 아파레유와 다진 캐슈너트를 뿌린다.
4. 뚜껑을 덮고 캐슈너트 프랄리네와 캐러멜 아파레유를 군데군데 짠 뒤 다진 캐슈너트를 올려 완성한다.

TART

SICILI PISTACHIO TART

시실리 피스타치오 타르트

한 가지 재료로 온전히 하나의 제품을 완성하기 위해서는 복합적인 텍스처와 맛의 강도, 입안에서 느껴지는 순서 등을
세심하게 조절해야 한다고 생각해요. 재료만을 부각시키다 보면 자칫 과한 맛의 제품이 될 수 있거든요.
우선 레시피에 충실히 따라 만들어보시고요. 이후 당량, 지방량, 재료의 비율 등을 조절해 나만의 개성이 담긴 제품을 완성해 보세요.
진하면서도 부드러운 피스타치오 몽테 크림에는 소금을 살짝 더해도 좋답니다. 다른 견과류로도 쉽게 응용할 수 있으니
좋아하는 견과류를 활용해 보세요.

6개 분량

A 피스타치오 파트 사블레

지름 7cm, 높이 2cm 타공 타르트 링

발효버터 90g
슈거파우더 70g
달걀 40g
박력분 165g
아몬드 파우더 65g
곱게 간 피스타치오 15g
소금 2g
▷ 총량 약 440g

슈미제용 버터 30g

달걀물

달걀노른자 15g
달걀 35g

1. 볼에 18℃로 맞춘 발효버터를 넣고 핸드믹서로 가볍게 푼 뒤 슈거파우더를 넣어 섞는다.
2. 달걀을 나눠 넣어 섞은 뒤 체 친 박력분, 아몬드 파우더, 구워 곱게 간 피스타치오, 소금을 넣고 날가루가 없어질 때까지 섞는다.

A3

A4

A5

A6

A7

A8

3	작업대로 옮겨 3회 정도 프레제한다.
4	반죽을 초콜릿 전사지 사이에 끼우고 양옆에 2mm 각봉을 대고 일정한 두께로 민 뒤 냉동실에서 굳힌다.
5	앞뒤 전사지를 떼어낸 뒤 지름 7cm 원형, 2.5×23cm 띠 모양으로 재단하고 냉동실에서 굳힌다.
6	버터를 바른 타공 타르트 링에 퐁사주^{Fonçage}하고 냉동실에서 굳힌다.
7	타르트 링 높이에 맞춰 칼로 타르트 윗면을 깎고 160℃로 예열한 오븐에 10분간 굽는다.
8	타르트 링을 분리하고 채반을 이용해 윗면과 옆면을 정리한다.
9	달걀물 재료를 섞고 ❽의 바닥을 제외한 나머지 부분에 얇게 도레한 뒤 150℃에서 4~5분간 굽는다.

B 피스타치오 프랄리네

설탕 250g

물 100g

소금 3g

구운 피스타치오 350g

카놀라유 60g

▷ **총량 약 700g**

1. 냄비에 설탕과 물을 넣고 170~180℃까지 끓인다.
   tip 캐러멜 색을 너무 진하게 내면 은은한 피스타치오 풍미가 가려질 수 있으므로 연한 색의 캐러멜을 만든다.

2. 소금과 구운 피스타치오를 넣고 가볍게 섞은 뒤 테플론 시트를 깐 철판 위에 펼쳐 식힌다.

3. 완전히 식혀 부순 뒤 푸드프로세서에 넣고 파우더 상태가 될 때까지 간다. 카놀라유를 넣고 한 번 더 갈아 페이스트 상태를 만든다.

C1

C2

C3

C4

C5

C 피스타치오 크렘 프랑지판

발효버터 28g
슈거파우더 37g
소금 1.1g
달걀 19g
피스타치오 파우더 39g
커스터드 파우더 3g
피스타치오 프랄리네 10g
피스타치오 페이스트(아이푸드넷) 8g
생크림 44g
호두 리큐어(노첼로) 3g
▷ 총량 약 150g

구운 피스타치오 40개

1. 볼에 포마드 상태의 발효버터와 슈거파우더, 소금을 넣고 핸드믹서로 섞는다.
2. 상온의 달걀의 절반 분량과 피스타치오 파우더, 커스터드 파우더를 넣고 섞는다.
3. 나머지 달걀과 피스타치오 프랄리네, 피스타치오 페이스트를 넣고 섞는다.
4. 상온의 생크림과 호두 리큐어를 넣고 섞는다.
5. 짜주머니에 넣고 타르트 셸에 ⅓ 정도 높이로 짠 뒤 구운 피스타치오를 6~7개씩 올린다.
6. 160℃로 예열한 오븐에 10~11분간 굽고 완전히 식힌다.

D 피스타치오 몽테 크림(2배 분량)
생크림A 88g
33% 화이트 초콜릿(발로나 오팔리스) 127g
트리몰린 19g
젤라틴 매스 22.5g
피스타치오 페이스트 20g
생크림B 165g
▷ 총량 약 430g

1. 비커에 생크림A, 화이트 초콜릿, 트리몰린, 젤라틴 매스, 피스타치오 페이스트를 넣고 45℃로 녹인 뒤 핸드블렌더로 유화시킨다.
2. 35℃ 이하로 식힌 뒤 생크림B를 넣고 다시 핸드블렌더로 유화시킨다. 볼로 옮겨서 랩을 표면에 밀착시키고 냉장실에서 하루 동안 휴지한다.

E 완성
피스타치오 분태 적당량

1. 피스타치오 크렘 프랑지판을 채워 구운 타르트 셸에 피스타치오 프랄리네를 짠다. 미니 L자 스패츌러로 윗면을 정리하고 급속 냉동고에서 굳힌다.
2. 피스타치오 몽테 크림을 215g 계량하고 핸드믹서로 75~80%까지 휘핑한 뒤 686 깍지를 끼운 짜주머니에 넣는다.
   tip 너무 단단하게 휘핑하면 파이핑이 어려우므로 약간 부드러운 질감으로 휘핑한다.
3. ❶ 위에 일자로 6줄을 짠다.
4. 사이사이에 피스타치오 프랄리네를 짜고 피스타치오 분태를 올려 완성한다.

TART
STRAWBERRY BALSAMIC TART

딸기 발사믹 타르트

상큼하면서도 향과 과즙이 풍부한 딸기의 매력을 부각시키기 위해 발사믹 비니거를 더해 콩포트를 만들었어요.
부드러운 바바루아 크림은 과하지도, 부족하지도 않게 제품의 맛과 식감을 꽉 채우고요.
베일처럼 얇은 젤리는 신비로운 느낌을 주고 과일의 수분도 잡아주니 과일 타르트에 다양하게 활용해 보세요.
과일과 잘 어울리는 허브티를 우린 물로 젤리를 만들어도 좋아요.

6개 분량

A 파트 사블레

✖ 지름 7cm, 높이 2cm 타공 타르트 링

발효버터(엘르앤비르) 68g
슈거파우더 42g
달걀 24g
중력분 113g
아몬드 파우더 14g
소금 0.4g
바닐라 파우더(쿠커페이스) 0.4g
▷ 총량 약 260g

슈미제용 버터 20g
도레용 달걀흰자 30g

1 | 볼에 18℃로 맞춘 발효버터를 넣어 가볍게 푼 뒤 슈거파우더를 넣고 핸드믹서로 섞는다.
2 | 상온의 달걀을 나눠 넣으며 섞는다.
3 | 체 친 중력분, 아몬드 파우더, 소금, 바닐라 파우더를 넣고 날가루가 없어질 때까지 섞는다.
4 | 작업대에 초콜릿 전사지를 깔고 반죽을 올려 프레제한다.

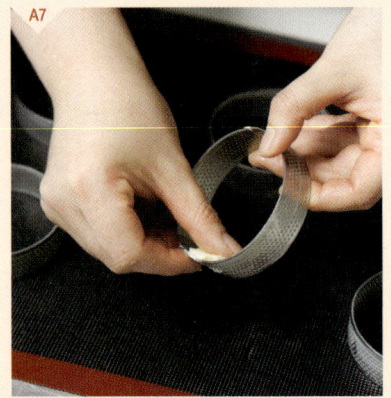

5   반죽을 초콜릿 전사지로 덮은 뒤 양옆에 2mm 각봉을 대고 일정한 두께로 민다. 급속 냉동고에 넣어 굳힌다.

6   전사지를 떼어내고 지름 7cm 원형과 23.5×2.5cm 띠 모양으로 재단하고 다시 급속 냉동고에 넣어 굳힌다.

7   타공 타르트 링에 슈미제용 버터를 가볍게 바른다.

8   원형 반죽을 바닥에 깔고 띠 모양 반죽을 둘러 퐁사주 한 뒤 급속 냉동고에 넣어 굳힌다.
    tip 냉동 상태의 반죽을 사용하며 체온에 의해 반죽이 녹지 않도록 니트릴 장갑을 끼고 작업한다.

9   타공 타르트 링 위로 올라온 반죽을 링 높이에 맞춰 칼로 다듬고 반죽을 타르트 링에 한 번 더 가볍게 붙인다.

10 160℃로 예열한 오븐에 10~12분간 굽는다.

11 완전히 식으면 타르트 셸의 윗면과 옆면을 채반을 이용해 다듬는다.

12 타르트 셸의 바닥을 제외한 모든 부분에 도레용 달걀흰자를 붓으로 얇게 도레한 뒤 160℃로 예열한 오븐에 3~4분간 굽는다.
    tip 도레할 때 달걀흰자를 사용하는 이유는 달걀노른자의 묵직한 풍미가 과일의 가벼운 맛을 가릴 수 있기 때문이다.

B 딸기 발사믹 콩포트

🍴 정우공업사 지름 3cm 원형 실리콘 몰드

냉동 딸기 135g
설탕A 54g
트레할로스 8g
설탕B 27g
NH 펙틴(쿠커페이스) 4.5g
딸기 리큐어(디종 스트로베리) 11g
발사믹 비니거(멩가졸리 발사믹 모데나 식초) 27g
젤라틴 매스 7g
▷ **총량 약 254g**

1	전날 냄비에 냉동 딸기, 설탕A, 트레할로스를 넣고 섞어 수분이 나오도록 한다.
2	다음 날 휘퍼를 이용해 잘게 으깬다.
3	40℃로 데우고 불에서 내린 뒤 미리 섞어둔 설탕B와 펙틴을 나눠 넣는다.
4	다시 90℃ 이상이 될 때까지 가열한 뒤 불에서 내린다.
5	40℃ 이하로 식히고 딸기 리큐어와 발사믹 비니거를 넣는다.
6	90g, 85g으로 계량해 각각 짜주머니에 넣는다. 66g은 냄비로 옮겨 40℃까지 가열한 뒤 젤라틴 매스를 넣고 녹인다.
7	젤라틴 매스를 넣은 딸기 발사믹 콩포트를 몰드에 11g씩 채우고 급속 냉동고에 넣어 굳힌다.

C 바바루아 크림(2배 분량)

우유 34g
생크림A 34g
마다가스카르 바닐라 빈 ⅔개
달걀노른자 34g
설탕 50g
젤라틴 매스 20g
생크림B 130g
▷ 총량 약 260g

1. 냄비에 우유, 생크림A, 긁어낸 바닐라 빈 씨를 넣고 가열한다. 냄비 가장자리가 끓기 시작하면 불에서 내린다.
2. 볼에 달걀노른자와 설탕을 넣고 충분히 섞는다. 소량의 ❶을 넣어 고루 섞은 뒤 ❶과 합친다.
3. 약불로 78℃로 가열해 앙글레즈를 만들고 젤라틴 매스를 넣어 녹인 뒤 체에 거른다.
4. 볼에 생크림B를 넣고 얼음볼에 올린 뒤 핸드믹서로 80%까지 휘핑한다.
5. 20℃로 맞춘 ❸에 ❹를 2회 나눠 섞은 뒤 짜주머니에 넣는다.

D 시폰 시트

🔪 16.5×11.5cm 바트 2개

달걀노른자 16g
카놀라유 10g
마다가스카르 바닐라 빈 ⅓개
우유 18g
달걀흰자 34g
설탕 12g
소금 0.2g
박력분 12g
옥수수 전분 12g
베이킹파우더 0.4g
▷ 총량 약 110g

1. 볼에 달걀노른자, 카놀라유, 긁어낸 바닐라 빈 씨, 우유를 넣고 휘퍼로 섞는다.
2. 다른 볼에 달걀흰자를 넣고 설탕, 소금을 나눠 넣으며 휘핑해 85% 머랭을 만든다.
3. ❶에 ❷의 ½ 분량을 넣고 휘퍼로 섞는다. 체 친 박력분, 옥수수 전분, 베이킹파우더를 넣고 가루가 없어질 때까지 섞은 뒤 나머지 ½ 분량을 넣어 섞는다.
4. 유산지를 깐 바트에 50g을 패닝하고 각도기로 고루 편 뒤 170℃로 예열한 오븐에 6분간 굽는다.

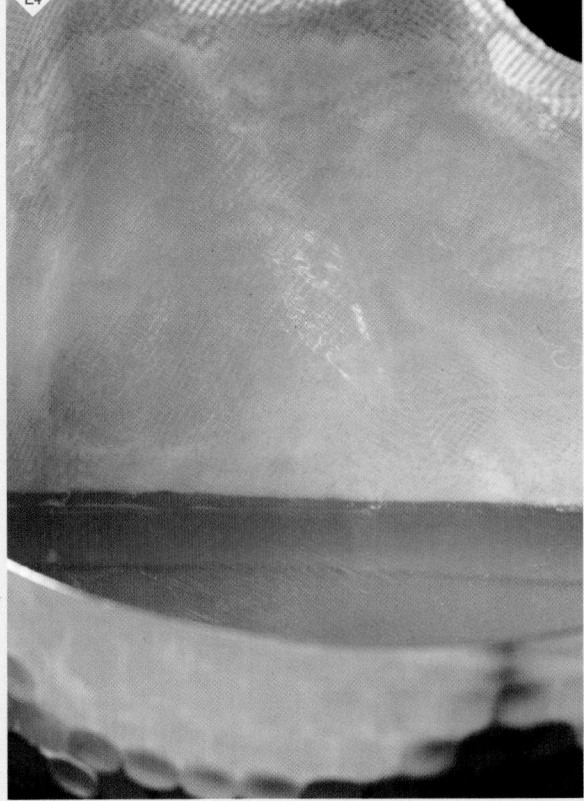

E 투명 젤리

✂ | 17×24cm 바트 2개

물 192g
설탕 39g
젤펜(쿠커페이스) 7.7g
▷ 총량 약 230g

1 | 냄비에 물을 넣고 40℃까지 가열한다.
2 | 불에서 내려 미리 섞어둔 설탕과 젤펜을 나눠 넣은 뒤 휘퍼로 뭉치는 부분이 없도록 섞는다.
3 | 다시 불에 올려 100℃ 이상이 될 때까지 끓인다.
4 | 불에서 내려 차분해질 때까지 기다렸다가 표면에 키친타월을 덮어 기포를 제거한다.
5 | 50℃로 데운 바트에 90g을 붓고 일정한 두께로 펼친 뒤 냉장실에서 굳힌다.

E5

F1

F2

F3

F4

F5

F6

F 완성

생딸기 18~20개
수레국화 약간

1. 시폰 시트를 지름 4.8cm 원형 커터로 6개 재단한 뒤 타르트 셸에 넣는다.
2. 짜주머니에 넣은 딸기 발사믹 콩포트 90g을 ❶에 14g씩 짠 뒤 급속 냉동고에서 살짝 굳힌다.
3. 짜주머니에 넣은 바바루아 크림을 타르트 셸 높이까지 짜고 미니 L자 스패출러로 윗면을 정리한다. 급속 냉동고에 넣어 굳힌다.
4. 몰드에서 분리한 딸기 발사믹 콩포트를 ❸의 중앙에 올린다.
5. 딸기는 꼭지를 제거한 뒤 6등분으로 썰어 딸기 발사믹 콩포트를 감싸듯이 가득 올린다.
6. 짜주머니에 넣은 딸기 발사믹 콩포트 85g을 딸기 중간중간에 짠 뒤 수레국화로 장식한다.
7. 투명 젤리를 지름 9cm 원형 커터로 6개 재단하고 ❻ 위에 얹어 완성한다.

TART

CHAI TEA BANANA TART

차이티 바나나 타르트

제가 정말 좋아하는 쇼트 브레드 반죽을 사용한 타르트예요. 묵직한 헤이즐넛의 풍미를 가지고 있지만
식감은 가볍게 부서진답니다. 코냑과 타히티 바닐라 빈에 절인 바나나로 만든 바나나 푸딩과 시나몬 향이 솔솔 나는
차이티 가나슈 몽테 크림이 서로를 잘 받쳐줘요. 크루스티앙을 타르트 바닥에 깔아야 눅눅하지 않고 식감도 지루해지지 않으니
생략하면 안 돼요. 꽃 모양의 타르트 셸에 퐁사주하는 법, 크림 파이핑하는 법도 익혀두면 많은 도움이 되니
일정한 모양이 나올 때까지 계속해서 연습하세요.

6개 분량

A 쇼트 브레드 타르트 셸

 매트퍼 EXOGLASS BRIOCHE(지름 7.5cm, 높이 2.8cm)

발효버터 78g
슈거파우더 62g
달걀 26g
박력분 78g
아몬드 파우더 28g
간 아몬드 13g
간 헤이즐넛 31g
소금 1.2g
▷ 총량 약 306g

tip 아몬드와 헤이즐넛은 160℃에서 15분간 구운 뒤
갈아 사용한다.

달걀물

달걀 12g
달걀노른자 8g

1 볼에 18℃로 맞춘 발효버터를 넣고 핸드믹서로 가볍게
   푼 뒤 슈거파우더를 넣어 섞는다.

2 상온의 달걀을 3회 나눠 넣으며 매끈해질 때까지
   유화시킨다.

3 체 친 박력분, 아몬드 파우더, 간 아몬드, 간 헤이즐넛,
   소금을 넣고 날가루가 없어질 때까지 섞는다.

4 반죽을 초콜릿 전사지 사이에 끼운 뒤 양옆에 4mm
   각봉을 대고 일정한 두께로 민다. 냉동실에서 1시간 이상
   휴지한다. 파이 롤러 사용 시 반죽을 랩으로 감싸고 1시간
   이상 냉장실에서 휴지한 뒤 4mm 두께로 민다.

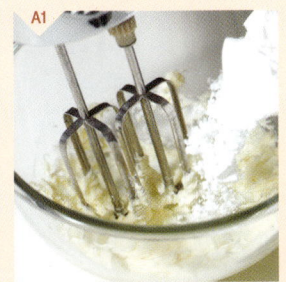

5	앞뒤 전사지를 떼어내고 지름 8.4cm 원형 커터로 재단하고 다시 냉동실에 넣어 굳힌다.
6	타공 매트를 깐 철판에 몰드를 뒤집어 놓고 반죽을 중심에 맞춰 올린 뒤 잠시 둔다. 반죽의 냉기가 빠지면 몰드에 밀착시킨다.
7	포크로 피케Piquer한 뒤 냉장실에서 휴지한다.
8	반죽 온도를 1~2℃로 맞추고 160℃로 예열한 오븐에 10분간 구운 뒤 몰드에서 분리한다.
9	붓으로 안쪽과 겉면에 달걀물을 얇게 도레하고 다시 오븐에 넣어 1~2분간 굽는다.

B 비스퀴 조콩드

🍴 11.5×16.5cm 바트 2개

헤이즐넛 파우더 35g
슈거파우더 28g
소금 0.5g
달걀 63g
발효버터 7g
달걀흰자 42g
설탕 12.5g
T45 10.5g
▷ **총량 약 180g**

1	볼에 헤이즐넛 파우더, 슈거파우더, 소금, 40℃로 맞춘 달걀의 ⅔ 분량을 넣고 핸드믹서로 뽀얗게 휘핑한다.
2	남은 달걀을 모두 넣고 5분간 휘핑한다.
3	40℃로 녹인 발효버터에 ❷를 소량 넣어 고루 섞은 뒤 다시 ❷와 합쳐 휘퍼로 섞는다.
4	다른 볼에 달걀흰자를 넣고 설탕을 2~3회에 나눠 넣으며 핸드믹서로 85%까지 휘핑한다.
5	❸에 ❹의 절반 분량을 넣고 휘퍼로 섞은 뒤 나머지 절반 분량과 체 친 T45를 넣는다. 휘퍼로 들어 올리듯 섞은 뒤 실리콘 주걱으로 마무리한다.
6	유산지를 깐 바트에 85g씩 패닝하고 각도기를 이용해 일정한 두께로 편 뒤 160℃로 예열한 오븐에 12분간 굽는다.
7	식힌 뒤 지름 4.7cm 원형 커터로 6장 재단한다.

B6

B7

C1

C2

D1

C 차이티 가나슈 몽테 크림

생크림 192g
곱게 간 차이티(다질리언 마살라 차이) 0.5g
33% 화이트 초콜릿(발로나 오팔리스) 72g
젤라틴 매스 7.2g
바나나 리큐어(오키드 크림 드 바나나) 8g
▷ 총량 약 265g

1. 비커에 생크림, 곱게 간 차이티, 화이트 초콜릿, 젤라틴 매스를 넣고 45℃로 녹인 뒤 핸드블렌더로 유화시킨다.
2. 35℃ 이하로 식힌 뒤 바나나 리큐어를 넣어 섞는다. 볼로 옮기고 랩을 표면에 밀착시켜 하루 동안 냉장실에서 휴지한다.

D 바나나 절임

바나나 252g
30보메 시럽 180g
타히티 바닐라 빈 ½개
코냑(레미마틴) 15g
바나나 리큐어 15g
▷ 총량 약 245g

1. 바나나는 5~7mm 두께로 슬라이스한 뒤 볼에 나머지 재료와 함께 넣고 섞는다. 바닐라 빈은 긁어낸 씨와 줄기를 모두 사용하고 볼 벽에 비벼서 잘 푼다. 랩을 씌워 하루 동안 절인다.
2. 체에 거른 뒤 30분 이상 그대로 두어 물기를 제거한다. 시럽은 따로 보관한다.

D2

E 디플로마트 크림

우유 175g

달걀노른자 35g

설탕 31g

박력분 10g

커스터드 파우더(선인) 8.7g

발효버터 14g

젤라틴 매스 21.8g

생크림(서울우유) 35g

마스카르포네 치즈(시레사) 7g

▷ **총량 약 300g**

1	냄비에 우유를 넣고 가장자리 부분이 살짝 끓으면 불에서 내린다.
2	볼에 달걀노른자와 설탕을 넣고 실리콘 주걱으로 충분히 푼 뒤 체 친 박력분, 커스터드 파우더를 넣어 고루 섞는다.
3	❷에 ❶의 일부를 넣고 섞은 뒤 ❶과 합친다. 다시 불에 올리고 바닥을 저어가며 윤기가 날 때까지 끓인다.
4	발효버터와 젤라틴 매스를 넣고 매끈하게 섞은 뒤 체에 내린다. 랩을 표면에 밀착시키고 냉장실에서 식힌다.
5	다른 볼에 생크림, 마스카르포네 치즈를 넣고 얼음볼에 올려 90%까지 휘핑한다.
6	❹를 실리콘 주걱으로 매끈하게 푼 뒤 ❺를 넣고 가볍게 섞는다. 짜주머니에 60g을 넣고 나머지는 남겨두었다 바나나 푸딩을 만들 때 사용한다.

F1

G1

G2

F 바나나 푸딩
바나나 절임 245g
디플로마트 크림 240g
호두 리큐어(노첼로) 9.3g
▷ 총량 약 493g

1 | 모든 재료를 고루 섞은 뒤 냉장실에서 1시간 이상 숙성한다.

G 크루스티앙
헤이즐넛 프랄리네(발로나) 24g
55% 다크 초콜릿(발로나 에콰토리얼) 44g
헤이즐넛 오일 9g
파에테 포요틴 48g
▷ 총량 약 116g

1 | 볼에 헤이즐넛 프랄리네와 다크 초콜릿, 헤이즐넛 오일을 넣고 45℃까지 녹인 뒤 파에테 포요틴을 섞는다.
2 | 완전히 식힌 쇼트 브레드 타르트 셸에 16g씩 채우고 포크로 평평하게 정리한다.

H 데코용 바나나
바나나 1개
설탕 적당량

1 | 바나나는 길게 반으로 갈라 2.5cm 길이로 썬 뒤 윗면에 설탕을 뿌리고 토치로 캐러멜라이징한다. 미리 캐러멜라이징하면 설탕이 녹을 수 있으므로 사용하기 직전에 작업한다.

H1

| 완성

1. 크루스티앙을 채운 쇼트 브레드 타르트 셸 안에 짜주머니에 넣은 디플로마트 크림을 10g씩 파이핑한다.
2. 비스퀴 조콩드를 바닥이 위를 향하도록 놓고 붓으로 바나나 절임 시럽을 바른다.
3. 바나나 푸딩을 60g씩 올리고 미니 L자 스패출러로 윗면을 정리한다.
4. 차이티 가나슈 몽테 크림을 80%까지 휘핑하고 804 깍지를 끼운 짜주머니에 넣는다.
5. ❸을 돌림판 위에 올리고 ❹를 약 35g씩 파이핑한다.
6. 데코용 바나나를 올려 완성한다.

PETIT GÂTEAU

MONT BLANC

몽블랑

눈 내리는 마을을 모티브로, 촉촉한 밤 파운드와 가볍게 부서지는 프렌치 머랭을 활용해 만든 몽블랑이에요.
밤 파운드는 밤 모양 몰드에 구우면 그 자체로 구움 과자가 돼요. 밤 크림의 당도가 높기 때문에 샹티이 크림에는 설탕을 넣지 않거나
최소한으로 줄이는 것을 추천해요. 저 역시 파이핑할 때마다 긴장되고 쉽지 않지만 꾸준히 연습하다 보면 자연스럽게
파이핑 기술을 익힐 수 있을 거예요.

3개 분량

A 밤 파운드

12×12cm 미니 정사각 무스 링

발효버터 30g
밤 페이스트(Imbert) 40g
설탕 35g
달걀 35g
T55 10g
아몬드 파우더 35g
밤가루(참두리) 2g
다크 럼(네그리타) 5g
보늬밤(대두식품) 20g

▷ 총량 약 197g

1 볼에 20~23℃로 맞춘 발효버터와 밤 페이스트를 넣고 핸드믹서로 푼 뒤 설탕을 넣어 가볍게 푼다.

   tip 설탕을 넣고 과하게 휘핑하면 공기가 많이 포집되어 식감이 가벼우면서 건조해진다. 촉촉한 식감을 위해서는 휘핑을 많이 하지 않는다.

2 20℃로 맞춘 달걀을 3회 나눠 넣으며 고루 섞는다.

3 체 친 T55, 아몬드 파우더, 밤가루를 넣고 섞는다.

4 다크 럼과 조각 낸 보늬밤을 넣고 섞는다.

A5

A6

A7

B1

B2

5	바닥을 쿠킹 포일로 2회 감싼 무스 링에 반죽을 넣고 각도기로 고루 편다.
6	160℃로 예열한 오븐에 18분간 구워 식힌다.
7	3.5×10×1cm로 3장 재단한다.

B 프렌치 머랭

달걀흰자 66g
설탕 66g
슈거파우더 66g

▷ **총량 약 195g**

1	볼에 달걀흰자를 넣고 설탕을 3~4회 나눠 넣으며 90% 머랭을 만든다.
2	슈거파우더를 넣고 단단하게 휘핑한다.
3	804 깍지를 끼운 짜주머니에 넣고 테플론 시트를 깐 철판에 길게 파이핑한다.
4	50℃로 예열한 오븐에서 3시간 이상 말린 뒤 10cm 길이로 재단한다.

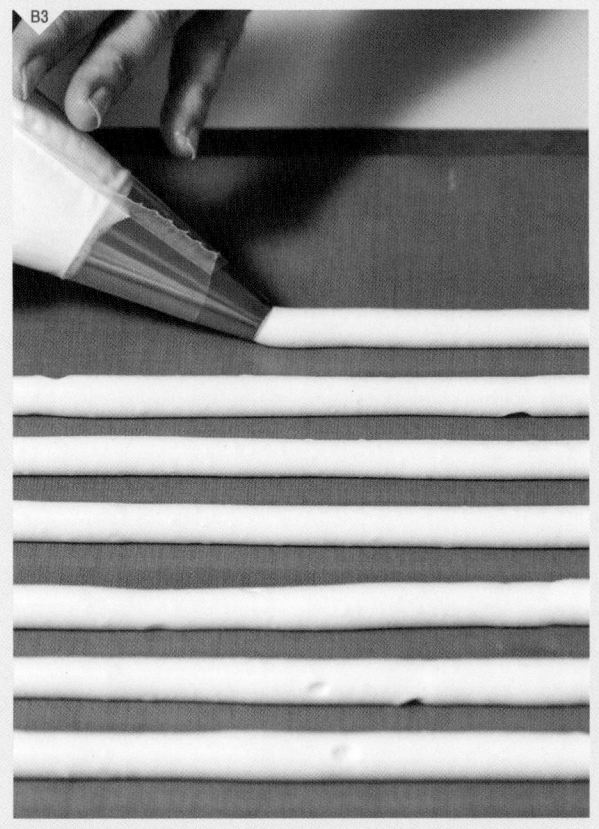

C1

D1

C 샹티이 크림

휘핑크림(프레지덩) 60g
생크림(서울우유) 20g
설탕 6g
▷ 총량 약 83g

1. 볼에 휘핑크림과 생크림을 넣고 얼음볼에 올린 뒤 설탕을 나눠 넣어가며 핸드믹서로 90%까지 휘핑한다. 804 깍지를 끼운 짜주머니에 넣는다.

D 밤 크림

※ 234번 모양 깍지

밤 페이스트(Imbert) 91g
밤 퓌레(사바통) 240g
생크림(서울우유) 40g
▷ 총량 약 368g

1. 볼에 밤 페이스트와 밤 퓌레를 넣고 핸드믹서로 부드럽게 푼다.
2. 차가운 생크림을 넣고 고루 섞은 뒤 체에 거른다. 깍지를 끼운 짜주머니에 넣는다.

D2

E 완성

보늬밤 2개
데코 스노 적당량

1 | 재단한 밤 파운드 중앙에 프렌치 머랭을 올린다.
2 | 샹티이 크림을 프렌치 머랭의 양옆에 짜고 위쪽에 2줄, 1줄 순으로 총 20g 파이핑한다. 냉동실에서 10분간 굳힌다.
3 | 밤 크림을 좌우로 일정하게 약 100g씩 파이핑한다.
4 | 데코 스노를 살짝 뿌리고 조각 낸 보늬밤을 올려 완성한다.

MOUSSE

FIG MOUSSE

무화과 무스

무화과와 무화과 잎을 활용해 무화과의 풍미를 100% 끌어올렸어요. 코코넛, 바닐라, 풀 등 다채로운 향을
품은 무화과 잎은 시럽이나 크림에 인퓨징해 많이 사용해요. 쌉싸래한 우롱차를 더해 무화과 특유의 구수함을 한층 더 살렸고요.
무화과 콩포트는 꿀과 바닐라 빈만을 사용해 깊은 풍미가 살아 있어요. 맛이 섬세한 과일을 사용할 때는
초콜릿 글라사주보다 가벼운 느낌의 전분 글라사주를 사용하는 것을 추천해요.

5개 분량

A 우롱 비스퀴 조콩드

 17×12cm 바트 2개

생크림 26g
우롱차A(이토엔 우롱차 티백) 2.2g
달걀노른자 22g
달걀흰자A 18g
아몬드 파우더 26g
슈거파우더 26g
우롱차B 1g
박력분 12g
달걀흰자B 56g
설탕 18g
▷ 총량 약 185g

1 냄비에 생크림과 우롱차A를 넣고 끓인 뒤 랩을 씌워 1시간
  이상 인퓨징한다.

2 고운체에 거르고 14g을 계량해 40~60℃로 맞춘다.

3 볼에 달걀노른자와 달걀흰자A, 체 친 아몬드 파우더,
  슈거파우더, 우롱차B, 박력분을 넣고 핸드믹서를 이용해
  저속으로 뽀얗게 휘핑한다.

A4

A5

A6

A7

4	다른 볼에 달걀흰자B를 넣고 설탕을 3회 나눠 넣으며 핸드믹서로 75%까지 휘핑한다.
5	❸에 ❹의 ½ 분량을 넣고 실리콘 주걱으로 들어 올리듯 섞은 뒤 나머지 ½ 분량을 넣어 섞는다.
6	❷를 넣어 고루 섞고 유산지를 깐 바트에 90g씩 담는다.
7	각도기를 이용해 일정한 두께로 편 뒤 170℃로 예열한 오븐에 7~10분간 굽는다.
8	오븐에서 꺼낸 즉시 식힘 망으로 옮겨 유산지의 옆면을 떼어낸다. 완전히 식힌 뒤 지름 4.8cm 원형 커터로 재단한다.

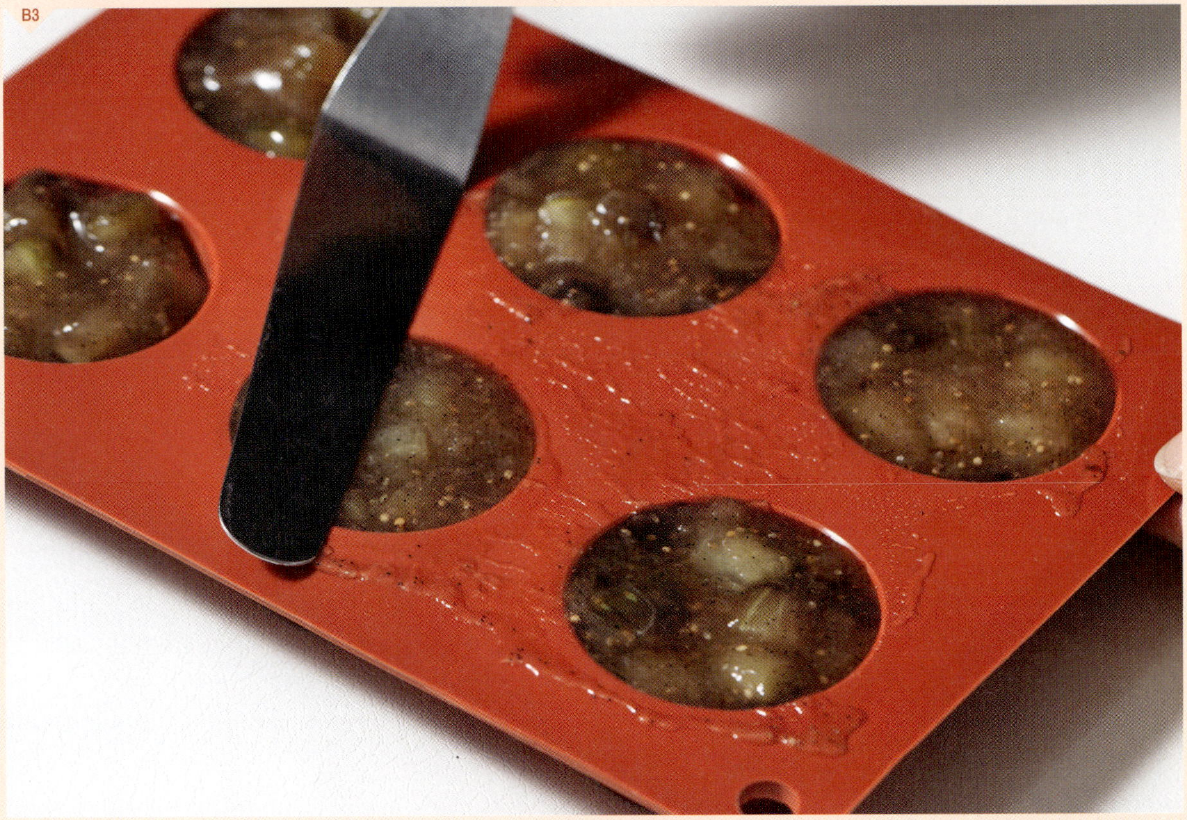

B 무화과 콩포트

✂ | 실리코마트 SF027

무화과 200g
꿀 60g
마다가스카르 바닐라 빈 ½개
젤라틴 매스 8.6g
▷ **총량 약 115g**

1 | 냄비에 1cm 다이스로 썬 무화과와 꿀, 긁어낸 바닐라 빈 씨를 넣고 48브릭스가 될 때까지 끓인다.
2 | 불에서 내린 뒤 젤라틴 매스를 넣고 녹인다.
3 | 실리콘 몰드에 20~22g씩 채우고 미니 L자 스패츌러를 이용해 윗면을 정리한다.

C 무화과 잎 시럽

무화과 잎 3g
물 50g
설탕 25g
▷ **총량 약 78g**

1 | 냄비에 잘게 찢은 무화과 잎과 물, 설탕을 넣고 약불로 끓인다. 냄비 가장자리가 끓기 시작하면 불에서 내려 식힌다.

D 무화과 잎 무스

 실리코마트 MULTIFLEX125

무화과 잎 6g
우유 88g
달걀노른자 22g
설탕 28g
젤라틴 매스 18.7g
생크림 164g
▷ **총량 약 310g**

1. 냄비에 잘게 찢은 무화과 잎과 우유를 넣고 냄비 가장자리가 끓기 시작하면 불에서 내린다. 랩을 씌워 2시간 이상 인퓨징한다.
2. 고운체에 거르고 손실분만큼 우유를 보충한 뒤 다시 살짝 데운다.
3. 달걀노른자와 설탕을 충분히 섞고 소량의 ❷를 넣어 고루 섞은 뒤 ❷와 합친다.
4. 약불로 78℃까지 가열해 앙글레즈를 만들고 젤라틴 매스를 넣어 녹인 뒤 체에 거른다.
5. 볼에 생크림을 넣고 얼음볼에 올린 뒤 핸드믹서로 75%까지 휘핑한다.
6. 22℃로 맞춘 ❹의 ½ 분량을 넣고 휘퍼로 섞은 뒤 나머지 ½ 분량을 넣어 섞는다. 마무리할 때는 실리콘 주걱을 사용한다.

D7

D8

D8

7	우롱 비스퀴 조콩드의 앞면과 뒷면에 무화과 잎 시럽을 충분히 바른다.
8	짜주머니에 넣은 무화과 잎 무스를 실리콘 몰드에 30% 정도 채우고 무화과 콩포트를 올린다.
9	다시 무화과 잎 무스로 덮고 ❼을 올린다.
10	미니 L자 스패츌러로 윗면을 정리하고 급속 냉동고에서 굳힌다.

D9

D10

E 전분 글라사주

우유 84g
생크림 168g
설탕 171g
물엿 60g
옥수수 전분 16g
설탕 54g
젤라틴 매스 42g
▷ 총량 약 590g

1. 냄비에 우유, 생크림, 설탕, 물엿을 넣고 휘퍼로 저어가며 설탕이 녹을 때까지 끓인다.
2. 미리 섞어둔 옥수수 전분과 설탕을 조금씩 뿌리면서 휘퍼로 섞는다.
3. 90℃ 이상 끓인 뒤 불에서 내린다.
   tip 이때 가운데까지 완벽하게 끓어야 한다.
4. 젤라틴 매스를 넣고 녹인 뒤 비커로 옮겨 핸드블렌더로 간다. 식히고 하루 동안 휴지해 사용한다.

F 완성

크리스피 무화과 씨(쿠커페이스) 2g
청무화과 2~3개

1. 전분 글라사주를 28~30℃로 맞추고 무화과 씨를 넣어 섞는다.
2. 몰드에서 분리한 무화과 잎 무스를 식힘 망에 올리고 ❶을 입힌다.
3. 원통 모양으로 썬 청무화과를 올려 완성한다.

MOUSSE

HONEY LAVENDER MOUSSE

꿀 라벤더 무스

라벤더 꿀을 드셔본 적 있으신가요? 프랑스에서 쉽게 접할 수 있는 라벤더 꿀은 과일과 꽃 향을 다채롭게 품고 있어요.
한국에서 라벤더 꿀을 구하기 어렵거나 가격이 부담스럽다면 라벤더 티나 오일을 조합할 수도 있어요.
러시아 전통 케이크인 '메도빅'을 변형, 응용한 제품으로 제 수업에서도 정말 인기가 많았답니다. 달지 않으면서
향긋한 라벤더 꿀 무스와 상큼한 꿀 사워크림, 쫀득한 꿀 가나슈, 고소한 꿀 쿠키가 어우러져 다채로운 맛과 식감을 선사해요.
밤꿀이나 마누카 꿀, 세이지 꿀 등 개성 넘치는 꿀을 사용해도 좋아요.

6개 분량

A 꿀 쿠키
발효버터 37g
꿀 15g
설탕 33g
베이킹소다 4g
달걀 50g
중력분 166g
소금 0.3g
▷ 총량 약 305g

1 냄비에 발효버터, 꿀, 설탕을 넣고 녹인 뒤 전체적으로 끓으면 불에서 내린다.

2 베이킹소다를 넣고 휘퍼로 섞는다. 탄산가스가 발생해 부풀어 올랐다가 살짝 가라앉을 때까지 섞는다.

3 상온의 달걀을 2회 나눠 넣고 고루 섞는다.
  tip ❷가 식으면 굳을 수 있으므로 뜨거운 상태에서 달걀을 넣고 빠르게 섞는다.

4 체 친 가루 재료를 넣고 실리콘 주걱으로 섞은 뒤 손으로 치대 마무리한다.

5 테플론 시트 사이에 반죽을 끼운 뒤 양옆에 2mm 각봉을 대고 일정한 두께로 민다.

6 위쪽의 테플론 시트를 제거하고 철판에 올린 뒤 180℃로 예열한 오븐에 4~5분간 굽는다.

7 오븐에서 나온 즉시 4×4cm로 12개 재단한다. 남은 부분은 완전히 식힌 뒤 푸드프로세서에 간다.

A7

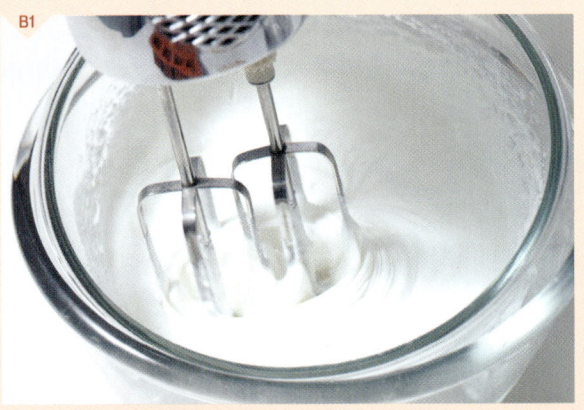

B1

B3

B3

C1

C2

C3

C4

B 꿀 사워크림(2배 분량)

🔧 실리코마트 SF104

생크림 252g
사워크림(덴마크) 252g
꿀 54g
슈거파우더 36g
잔탄검 0.1g
▷ **총량 약 590g**

1. 볼에 생크림, 사워크림, 꿀을 넣고 얼음볼에 올려 핸드믹서로 70%까지 휘핑한다.
2. 미리 섞어둔 슈거파우더와 잔탄검을 넣고 75%까지 휘핑해 짜주머니에 넣는다.
3. 실리콘 몰드에 약 20g씩 채우고 재단한 꿀 쿠키를 올린다. 이 작업을 한 번 더 반복한 뒤 냉동실에서 굳힌다.

C 꿀 무스(2배 분량)

🔧 실리코마트 SF104

꿀 70g
물 5g
달걀노른자 32g
사워크림 126g
생크림 140g
라벤더 식용 오일(힐링차크라) 1.4g
젤라틴 매스 22g
▷ **총량 약 380g**

1. 볼에 꿀과 물, 달걀노른자를 넣고 중탕으로 온도를 78~85℃까지 올린다.
2. 중탕에서 내리고 핸드믹서로 80%까지 휘핑한다.
3. 다른 볼에 80% 분량의 사워크림과 생크림, 라벤더 식용 오일을 넣고 얼음볼에 올려 80%까지 휘핑한다.
4. 나머지 사워크림에 젤라틴 매스를 넣고 중탕으로 녹인 뒤 40℃로 맞춘다. ❷에 넣고 실리콘 주걱으로 고루 섞는다.
5. 20~23℃로 맞추고 ❸을 넣어 휘퍼로 섞은 뒤 짜주머니에 넣는다.
6. 실리콘 몰드에 25g씩 채우고 급속 냉동고에서 굳힌다.

C5

C6

D 꿀 가나슈 크림

생크림 72g
33% 화이트 초콜릿(발로나 오팔리스) 29g
젤라틴 매스 4.4g
꿀 24g
▷ 총량 약 105g

1. 비커에 생크림, 화이트 초콜릿, 젤라틴 매스를 넣고 45℃로 녹인 뒤 핸드블렌더로 유화시킨다.
2. 볼로 옮기고 랩을 표면에 밀착시킨뒤 냉장실에서 하루 동안 휴지한다.
3. 핸드믹서로 75% 정도 휘핑한 뒤 꿀을 넣고 85%까지 휘핑한다. 803 깍지를 끼운 짜주머니에 넣는다.
4. 래핑한 철판 위 4×4cm 정사각형 안쪽에 다양한 크기의 원형으로 파이핑한다.
5. 지름 2cm 화채 스푼에 토치로 살짝 열을 가한 뒤 가볍게 눌러 홈을 판다. 급속 냉동고에서 굳힌다.

E 전분 글라사주

우유 70g
생크림 140g
설탕A 143g
물엿 50g
옥수수 전분 13g
설탕B 45g
젤라틴 매스 35g
▷ 총량 약 480g

1. 냄비에 우유, 생크림, 설탕A, 물엿을 넣고 휘퍼로 저어가며 설탕이 녹을 때까지 끓인다.
2. 미리 섞어둔 옥수수 전분과 설탕B를 조금씩 뿌리면서 휘퍼로 섞는다.
3. 90℃ 이상으로 끓인 뒤 불에서 내린다.
   tip 이때 가운데까지 완벽하게 끓여야 한다.
4. 젤라틴 매스를 넣고 녹인 뒤 비커로 옮겨 핸드블렌더로 유화시킨다. 식히고 냉장실에서 하루 동안 휴지한 뒤 사용한다.

F 완성
꿀 약간
식용 꽃 약간

1. 꿀 쿠키와 꿀 사워크림은 몰드에서 분리해 냉장실에서 보관한다. 옆면이 살짝 녹으면 중앙에 나무 꼬치를 꽂고 간 꿀 쿠키를 묻힌다.
2. 꿀 무스를 몰드에서 분리하고 철망에 올린 뒤 28~30℃로 맞춘 전분 글라사주를 입힌다.
3. 나무 꼬치를 이용해 무스의 바닥을 정리하고 ❶에 올린다.
4. 굳힌 꿀 가나슈 크림을 올리고 홈에 꿀을 짠 뒤 식용 꽃으로 장식해 완성한다.

MOUSSE

PLUM MOUSSE

자두 무스

새콤한 껍질과 수분이 가득하면서 아삭한 식감의 과육이 매력적인 자두를 오롯이 즐길 수 있는 무스예요. 기분 좋은 상큼함이 가득해 더운 여름 지친 입맛을 확 끌어올려줄 거예요. 가볍게 씹히는 루비 초콜릿 크루스티앙 스트로이젤과 새콤달콤한 자두 과육이 가득 들어 있는 자두 블러드 피치 즐레, 가벼운 이탈리안 머랭 베이스의 무스로 구성. 광택감이 매우 좋고 블러드 피치 퓌레를 넣어 새콤달콤한 글라사주는 과일 자체의 맛을 극대화합니다. 향긋한 티무트 후추를 더해 독특한 식감의 베르가모트 자두 후추 젤리는 이 제품의 킥이에요.

6개 분량

A 루비 초콜릿 크루스티앙

✂ 지름 7cm 무스 링

스트로이젤(4배 분량)
발효버터 34g
설탕 14g
박력분 34g
아몬드 파우더 34g
▷ 총량 110g

패션프루트 크리스피(소사) 11g
스트로이젤 27g
파에테 포요틴(카카오바리) 50g
자두 껍질 파우더 1g
루비 초콜릿(깔리바우트) 48g
▷ 총량 약 135g

> **tip** 자두 껍질 파우더는 60℃로 맞춘 식품건조기에서 2~3시간 말리고 푸드프로세서로 곱게 간 뒤 체에 내린다.

1 | 푸드프로세서에 냉장 온도의 버터, 설탕, 박력분, 아몬드 파우더를 넣고 곱게 간 뒤 볼에 옮겨 손으로 보슬보슬하게 뭉친다.

A2

A4

234

2 | 테플론 시트를 올린 철판에 펼쳐 170℃로 예열한 오븐에 10분간 굽는다. 고루 섞어 5분간 더 구운 뒤 27g을 계량한다.

3 | 패션프루트 크리스피는 밀대로 부순 뒤 볼에 ❷, 파에테 포요틴, 자두 껍질 파우더를 함께 넣고 섞는다.

4 | 루비 초콜릿은 녹여서 50℃로 맞춰 ❸과 고르게 섞는다.

5 | 무스 링에 20g씩 소분하고 스푼으로 눌러 평평하게 다듬은 뒤 급속 냉동고에서 굳힌다.

B 자두 블러드 피치 즐레

🍴 실리코마트 SF027

자두 100g
설탕A 10g
블러드 피치 퓌레(브와롱) 88g
설탕B 22g
줄리(쿠커페이스) 1.2g
▷ 총량 약 87g

1 자두는 1.5cm 다이스로 썬 뒤 설탕A와 섞어 1시간 동안 냉장실에 보관한다.
2 체에 거른 뒤 키친타월로 물기를 제거한다.
3 냄비에 블러드 피치 퓌레, 미리 섞어둔 설탕B와 줄리를 넣고 고루 섞어가며 90℃ 이상으로 가열한다.
4 비커에 옮기고 랩을 표면에 밀착시킨 뒤 냉장실에 넣는다. 단단해지면 꺼내 핸드블렌더로 매끈하게 간다.
5 실리콘 몰드에 ❷를 12g씩 넣는다.
6 ❹를 12g씩 넣고 미니 L자 스패출러로 표면을 정리한 뒤 냉동실에서 굳힌다.

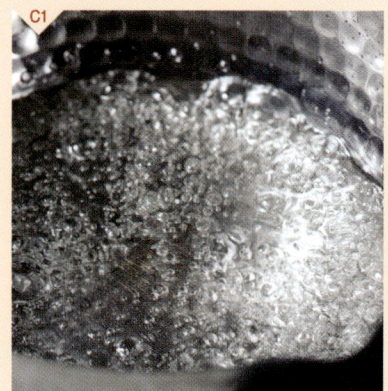

C 블러드 피치 베르가모트 무스

 PAVONI Margherita PX4383S

이탈리안 머랭

설탕 100g
물 35g
달걀흰자 100g

블러드 피치 퓌레(브와롱) 80g
베르가모트 퓌레(브와롱) 33g
라임 주스(퍼시픽초이스) 5g
젤라틴 매스 20g
생크림 90g
이탈리안 머랭 40g
▷ 총량 약 268g

1. 냄비에 설탕, 물을 넣고 118℃까지 끓여 시럽을 만든다.
2. 볼에 달걀흰자를 넣고 핸드믹서로 가볍게 푼 뒤 ❶을 빠르게 부으며 휘핑해 75% 머랭을 만든다.
   tip 달걀흰자를 가볍게 푼 뒤 시럽을 빠르게 부어 휘핑하면 조밀하고 매끈한 머랭이 완성된다.
3. 냄비에 블러드 피치 퓌레. 베르가모트 퓌레, 라임 주스를 넣고 50℃까지 가열한 뒤 젤라틴 매스를 넣고 녹인다.
4. 생크림을 70% 정도 휘핑한 뒤 20℃로 맞춘 ❸을 넣고 휘퍼로 섞는다.
5. 20℃로 맞춘 이탈리안 머랭을 넣고 휘퍼로 섞은 뒤 실리콘 주걱으로 섞어 마무리한다.
6. ❺를 실리콘 몰드 높이의 70% 정도 채운 뒤 몰드에서 분리한 자두 블러드 피치 즐레를 넣는다.
7. 다시 ❺를 몰드 높이까지 채우고 미니 L자 스패출러로 표면을 정리한 뒤 급속 냉동고에서 굳힌다.

D 글라사주

블러드 피치 퓌레(브와롱) 225g
물 315g
설탕 113g
NH 펙틴(쿠커페이스) 7.2g
라임 주스(퍼시픽초이스) 8g
크리스탈 클라쎄 뉴트럴 나파쥬 글레이즈(쿠커페이스) 180g
▷ 총량 약 800g

1 | 냄비에 블러드 피치 퓌레, 물, 미리 섞어둔 설탕과 펙틴을 넣고 고루 섞어가며 90℃ 이상으로 가열한다.
2 | 불에서 내려 라임 주스와 크리스탈 클라쎄 뉴트럴 나파쥬 글레이즈를 넣고 녹여 핸드블렌더로 간 뒤 냉장실에서 하루 동안 휴지한다.

E 베르가모트 자두 후추 젤리

 | 10×13.5cm 바트

베르가모트 퓌레(브와롱) 50g
1대 1 시럽(물: 설탕 = 1: 1) 50g
물 50g
설탕 13g
카카(쿠커페이스) 2.8g
간 티무트 후추(맥코믹) 0.1g
자두 껍질 파우더 0.3g
▷ 총량 약 160g

tip 냄비에 물과 설탕을 1대 1 비율로 넣고 가볍게 끓인 뒤 식혀 시럽을 완성한다.

1 | 냄비에 베르가모트 퓌레, 시럽, 물, 미리 섞어둔 설탕과 카카를 넣고 고루 섞어가며 90℃ 이상으로 가열한다.
2 | 간 티무트 후추와 자두 껍질 파우더를 넣고 섞어 바트에 부은 뒤 냉장실에서 굳힌다. 스푼으로 긁어 사용한다.

E2

F 완성
자두 적당량

1. 루비 초콜릿 크루스티앙을 링에서 분리한다.
2. 블러드 피치 베르가모트 무스를 틀에서 분리한 뒤 식힘 망에 올리고 30℃로 맞춘 글라사주를 입힌다.
3. 미니 L자 스패출러로 조심히 들어 루비 초콜릿 크루스티앙 위에 올린다.
4. 베르가모트 자두 후추 젤리를 올린다.
5. 자두 조각으로 장식해 완성한다.

MOUSSE

RHUBARB MOUSSE

루바브 무스

신맛이 강하고 아삭한 식감의 루바브에 부드러우면서 크리미한 향을 가진 코코넛, 플로럴한 장미를 조합해 은은한 느낌을 표현했어요. 위에 올라가는 투명 루바브 젤리는 펄 아가와 루바브를 절일 때 나온 즙을 활용해 루바브의 천연 빛깔이 그대로 살아 있는데요. 조각내 넉넉히 올려도 좋아요. 이탈리안 머랭을 베이스로 한 무스의 가벼움을 살리기 위해 얇게 피스톨레한 뒤 슬라이스한 루바브를 포인트로 올려 마무리했어요.

8개 분량

A 코코넛 다쿠아즈

15×22cm 바트

간 코코넛 파우더 17g
달걀흰자 65g
설탕 13g
아몬드 파우더 18g
슈거파우더 35g
분당 적당량
▷ 총량 약 145g

1 푸드프로세서에 코코넛 파우더를 넣고 가볍게 간다.
  tip 코코넛 파우더를 조금 더 고운 식감으로 만들기 위한 작업이다.

A2

A3

A4

A4

2 | 볼에 달걀흰자를 넣고 70~75% 휘핑한 뒤 설탕을 넣어 휘핑한다.
   tip 가볍고 볼륨감이 있는 식감을 원한다면 설탕을 더 늦게 넣는다.

3 | 90% 머랭을 만든 뒤 체 친 ❶, 아몬드 파우더, 슈거파우더를 넣고 자르듯이 섞는다.
   tip 너무 과하게 섞으면 머랭이 쉽게 꺼질 수 있으므로 처음에는 가르듯이 조심스럽게 섞는다. 완성된 반죽은 살짝 윤기 나는 정도면 적당하다.

4 | 바트에 패닝하고 각도기를 이용해 고루 편 뒤 분당을 2회 뿌린다. 140℃로 예열한 오븐에 15분간 구운 뒤 바로 식힘 망으로 옮겨 옆면의 유산지를 떼어낸다.

5 | 완전히 식히고 지름 5.8cm 원형 커터로 재단한다.

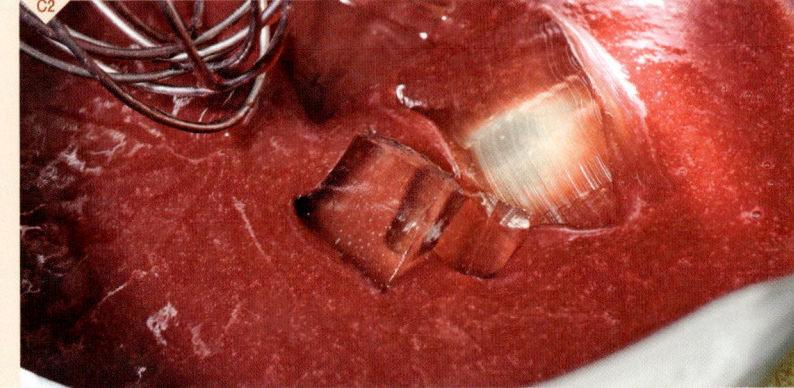

B 루바브 콩포트(2배 분량)

🔪 실리코마트 SF027

루바브(네이처 루바브팜) 210g
설탕A 31g
석류 퓌레(브와롱) 37g
설탕B 49g
NH 펙틴 0.8g
젤라틴 매스 12g

▷ 총량 약 200g

1. 루바브는 1cm 길이로 썬 뒤 설탕A를 넣고 고루 섞는다. 하루 동안 냉장실에서 휴지한다.
   tip 루바브 껍질의 식감이 거슬린다면 가볍게 껍질을 벗겨내고 작업한다.
2. 체에 거른 뒤 즙은 따로 보관한다. 루바브 젤리를 만들 때 사용해도 좋다.
3. 냄비에 ❷의 루바브 182g, 석류 퓌레를 넣어 살짝 데운 뒤 미리 섞어둔 설탕B와 펙틴을 넣고 90℃까지 끓인다.
4. 불에서 내리고 젤라틴 매스를 넣어 녹인 뒤 얼음볼에 올려 30℃ 이하로 식힌다. 핸드블렌더로 가볍게 간다.
5. 실리콘 몰드에 25g씩 채우고 작업대에 두드려 평평하게 만든 뒤 급속 냉동고에서 굳힌다.

C 석류 블러드 피치(2배 분량)

🔪 실리코마트 SF027

석류 퓌레 25g
블러드 피치 퓌레 66g
레몬즙 19g
물엿 20g
설탕 8g
NH 펙틴 1.7g
젤라틴 매스 16.5g
자몽 리큐어(디종 자몽) 6g

▷ 총량 약 160g

1. 냄비에 석류 퓌레, 블러드 피치 퓌레, 레몬즙, 물엿을 넣고 불에 올린 뒤 미리 섞어둔 설탕과 펙틴을 넣는다.
2. 휘퍼로 저어가며 90℃까지 끓이고 불에서 내린 뒤 젤라틴 매스를 넣어 녹인다.
3. 얼음볼에 올려 40℃까지 식히고 자몽 리큐어를 넣는다.
4. 20℃까지 식혀 짜주머니에 넣고 루바브 콩포트를 채운 실리콘 몰드에 8~10g씩 넣는다. 작업대에 두드려 평평하게 만들고 급속 냉동고에서 굳힌다.

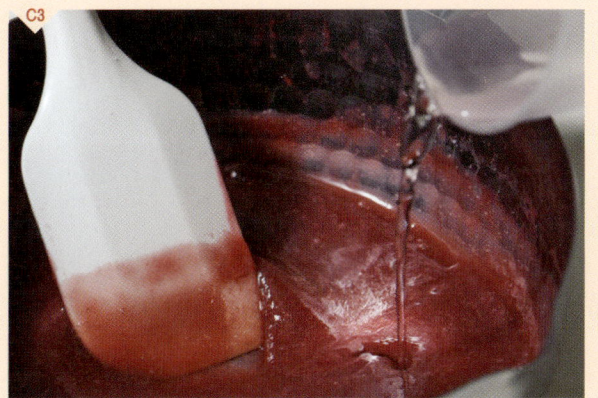

C3

C4

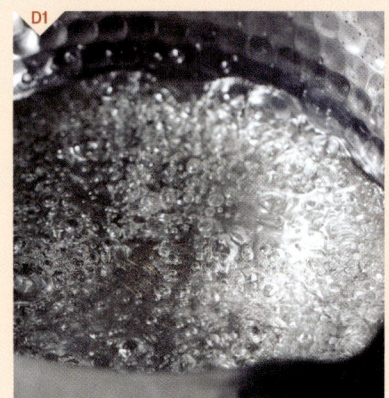

250

D 로즈 화이트 와인 무스

✂ | 실리코마트 SF028

이탈리안 머랭

물 35g
설탕 105g
달걀흰자 53g

생크림A 106g
이탈리안 머랭 96g
사워크림(덴마크) 100g
생크림B 12g
젤라틴 매스 18g
화이트 와인(코노수르 비씨클레타 샤도네이) 40g
로즈 익스트랙트(닐슨메시) 1g

▷ **총량 약 370g**

1. 냄비에 물과 설탕을 넣고 118℃까지 끓인다.
2. 볼에 달걀흰자를 넣고 핸드믹서로 가볍게 푼 뒤 ❶을 빠르게 부으며 휘핑해 75% 머랭을 만든다.
   tip 달걀흰자를 가볍게 푼 뒤 바로 시럽을 부어 휘핑하면 조밀하면서 매끈한 머랭이 완성된다.
3. 생크림A를 얼음볼에 올려 70% 휘핑한다.
4. ❷를 96g 계량해 넣고 휘퍼로 가볍게 섞는다.
5. 다른 볼에 18~20℃로 맞춘 사워크림을 넣고 핸드믹서로 가볍게 푼 뒤 40~50℃로 맞춘 생크림B와 젤라틴 매스를 넣어 섞는다.
6. ❹에 20~22℃로 맞춘 ❺를 넣고 휘퍼로 고루 섞는다.
7. 화이트 와인과 로즈 익스트랙트를 넣고 섞는다.
8. 실리콘 몰드 높이의 60%까지 채우고 작업대에 두드려 공기를 뺀다. 미니 L자 스패출러로 모서리를 다듬는다.
9. 중앙에 몰드에서 분리한 루바브 콩포트와 석류 블러드 피치 즐레를 넣고 다시 무스를 채운 뒤 미니 L자 스패출러로 윗면을 다듬는다.
10. 코코넛 다쿠아즈를 올리고 급속 냉동고에서 굳힌다.

E1

E2

E3

E4

E 루바브 젤리

✂ 지름 4.8cm 무스 링 또는 쿠키 커터

루바브 전처리

주스용 루바브(1cm) 200g
설탕A 30g
인서트용 루바브(5mm) 50g
설탕B 5g

루바브 주스 120g
설탕 13g
펄 아가 No.11 10.5g
▷ 총량 약 140g

1. 루바브는 주스용과 인서트용으로 나누고 각각 설탕A와 B에 버무려 냉장실에서 하루 동안 휴지한다.
2. 주스용 루바브를 핸드블렌더로 곱게 간 뒤 체에 내린다.
   tip 루바브 콩포트를 전처리할 때 남은 즙을 같이 사용해도 좋다.
3. 인서트용 루바브를 키친타월에 올려 물기를 뺀다.
4. 뒤집은 바트에 ❸을 배치한 뒤 무스 링을 놓는다.
5. 냄비에 계량한 ❷를 넣고 불에 올린 뒤 미리 섞어둔 설탕과 펄 아가를 넣어 100℃까지 끓인다.
6. 체 2개를 겹쳐 내리고 ❹에 부은 뒤 상온에서 굳을 때까지 기다린다. 냉장실에 차갑게 두었다가 사용한다.
   tip 펄 아가는 카라기난 베이스로 50℃면 굳으니 신속하게 작업한다.

E5

E6

E6

F1

F2

G1

F 화이트 초콜릿 피스톨레

카카오버터(카카오바리) 120g
33% 화이트 초콜릿(발로나 오팔리스) 180g
지용성 식용 색소 카키 그린 0.4g
지용성 식용 색소 옐로 0.2g
지용성 식용 색소 화이트 3.5g
▷ 총량 약 300g

1. 카카오버터와 화이트 초콜릿을 전자레인지에 녹여 40℃로 맞춘 뒤 색소를 넣는다.
2. 핸드블렌더로 섞은 뒤 50~60℃로 맞춰 사용한다.

G 완성

루바브 적당량

1. 몰드에서 로즈 화이트 와인 무스를 분리한 뒤 화이트 초콜릿 피스톨레를 분사기에 넣고 분사한다.
2. 링을 빼낸 뒤 루바브 젤리를 조심히 들어 로즈 화이트 와인 무스 위에 올린다.
   tip 무스 필름을 사용해 옮기면 편하며 평평한 바닥 면이 위를 향하도록 뒤집어서 올려도 좋다.
3. 필러로 얇게 슬라이스한 루바브로 장식해 완성한다.

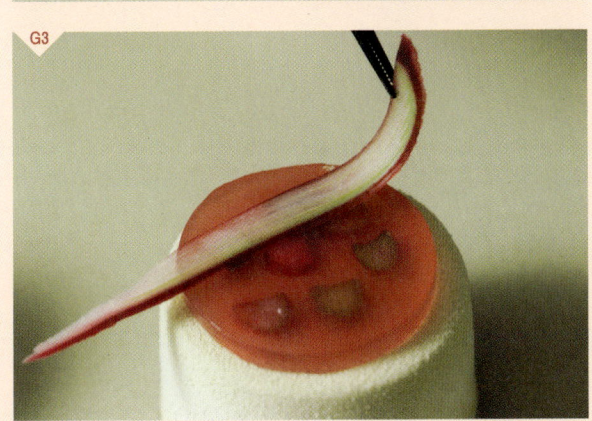

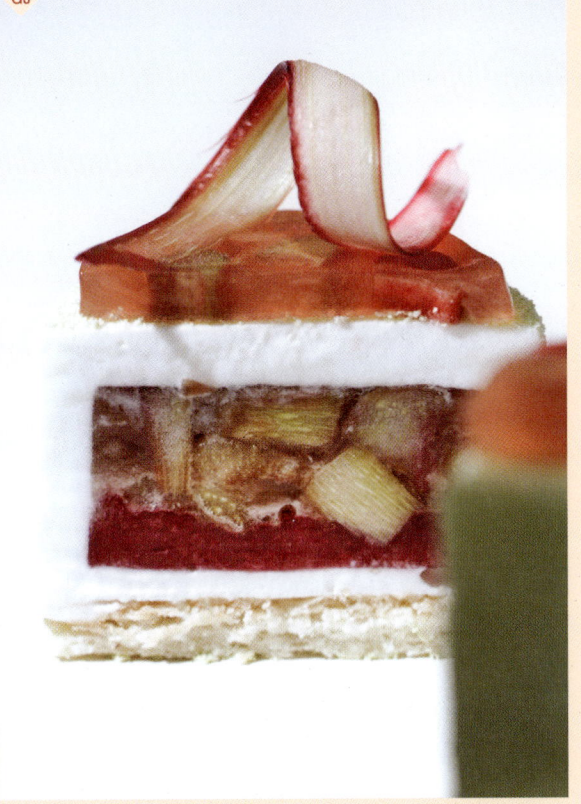

MOUSSE

INFINITY VANILLA BOUCHER

인피니티 바닐라 부셰

프랑스의 크리스마스 케이크인 부셰는 '통나무'를 의미하며, 긴 원통 모양의 케이크를 가리킵니다.
나이테 모양으로 돌돌 말린 롤케이크가 일반적이지만 요즘에는 여러 가지 실리콘 몰드를 활용한
무스 형태로도 선보이고 있어요. 다크 초콜릿, 견과류를 연상시키는 깊고 진한 향의 마다가스카르 바닐라 빈을 사용해
바닐라 무스를 만들었는데요. 겨울에 어울리는 묵직하면서도 크리미한 텍스처를 가지고 있으며 입안 가득 바닐라 빈의 풍미가
풍성하게 느껴집니다. 작은 몰드가 있다면 귀여운 미니 버전으로도 만들어보세요.

1개 분량

A 아몬드 제누아즈

22.5×15.5cm 바트 2개

달걀 84g
달걀노른자 28g
슈거파우더 105g
꿀 14g
발효버터 70g
아몬드 파우더 22g
박력분 76g
감자전분 28g
베이킹파우더 1.6g
베이킹소다 0.2g
소금 0.6g
▷ 총량 약 425g

1   볼에 달걀, 달걀노른자, 슈거파우더, 꿀을 넣고 휘퍼로 섞는다.

2   40℃로 녹인 발효버터를 넣고 섞는다.

3 | 체 친 아몬드 파우더, 박력분, 감자전분, 베이킹파우더, 베이킹소다, 소금을 넣고 섞는다.

4 | 유산지를 깐 바트에 패닝하고 각도기로 일정한 두께로 편 뒤 160℃로 예열한 오븐에 10~11분간 굽는다.

5 | 완전히 식힌 뒤 1.5cm 각봉을 이용해 높이를 맞춰 다듬고 5.5×22cm로 재단한다.

B1

B2

C1

C2

C3

B 바닐라 시럽

설탕 13g
물 50g
마다가스카르 바닐라 빈 1개
▷ 총량 약 63g

1. 냄비에 설탕, 물, 긁어낸 바닐라 빈 씨와 껍질을 넣고 설탕이 녹을 때까지 데운 뒤 래핑해 15분 이상 인퓨징한다.
2. 냉장실에서 하루 동안 휴지하고 재단한 아몬드 제누아즈에 붓으로 바른다.

C 바닐라 크레뫼

✗ 3×4×22cm 직사각 무스 링

휘핑크림(프레지덩) 126g
마다가스카르 바닐라 빈 ½개
달걀노른자 28g
설탕 23g
젤라틴 매스 7g
▷ 총량 약 160g

1. 냄비에 휘핑크림, 긁어낸 바닐라 빈 씨와 껍질을 넣고 살짝 데운 뒤 래핑해 15분 이상 인퓨징한다.
2. 볼에 달걀노른자와 설탕을 넣고 충분히 섞는다.
3. ❶과 섞고 78~82℃까지 가열한다.
4. 불에서 내리고 젤라틴 매스를 넣어 녹인 뒤 체에 내린다. 얼음물에 올려 20℃까지 식힌다.
   tip 온도를 낮추지 않으면 바닐라 빈 씨가 모두 가라앉기 때문에 20℃까지 식혀 점도를 맞춘다.
5. 바닥을 2겹의 랩으로 감싼 무스 링에 붓고 급속 냉동고에서 굳힌다.

C4

C5

D1

D2

262

D 바닐라 젤(3배 분량)

물 60g

마다가스카르 바닐라 빈 1g

바닐라 파우더 0.2g(쿠커페이스)

설탕 40g

NH 펙틴 0.8g

▷ 총량 약 90g

1 | 냄비에 물, 긁어낸 바닐라 빈 씨와 껍질, 바닐라 파우더를 넣고 살짝 데운 뒤 15분 이상 인퓨징한다.

2 | 미리 섞어둔 설탕과 펙틴을 넣고 저으며 90℃ 이상으로 끓인 뒤 체에 내린다.

3 | 30℃까지 식혀 30g을 계량한 뒤 바닐라 크레뫼를 넣고 굳힌 무스 링에 붓는다. 급속 냉동고에서 굳혀 인서트를 완성한다.

E 바닐라 무스

실리코마트 Kit Spiral Roll 1100

휘핑크림(프레지덩) 216g
마다가스카르 바닐라 빈 1개
달걀노른자 65g
설탕 81g
젤라틴 매스 38.7g
35% 화이트 초콜릿(발로나 이보아르) 52g
생크림 216g
코냑(헤네시) 9g
▷ 총량 약 645g

1. 작업 하루 전 냄비에 휘핑크림, 긁어낸 바닐라 빈 씨와 껍질을 넣고 살짝 데운다. 랩핑해 15분 이상 인퓨징하고 냉장실에 보관한다. 살짝 가열한 뒤 사용한다.
2. 볼에 달걀노른자와 설탕을 넣고 섞은 뒤 ❶과 합친다. 78℃까지 가열한 뒤 젤라틴 매스를 넣고 녹인다.
3. 녹인 화이트 초콜릿에 ❷를 체에 내려 넣고 휘퍼로 저어 유화시킨다.
4. 볼에 생크림과 코냑을 넣고 얼음볼에 올린 뒤 핸드믹서로 75~80%까지 휘핑한다.
5. 20℃로 맞춘 ❸에 ❹를 2회 나눠 넣고 휘퍼로 섞는다.
6. 실리콘 몰드 높이의 70% 정도까지 채우고 미니 L자 스패출러로 벽면까지 빈틈 없이 바른다.
7. 중앙에 몰드에서 분리한 인서트를 바닐라 크레뫼가 위를 향하도록 넣는다.
8. ❺를 조금 더 채운 뒤 아몬드 제누아즈를 바닐라 시럽을 바른 부분이 아래를 향하도록 올린다.
9. 미니 L자 스패출러로 윗면을 정리하고 급속 냉동고에서 굳힌다.

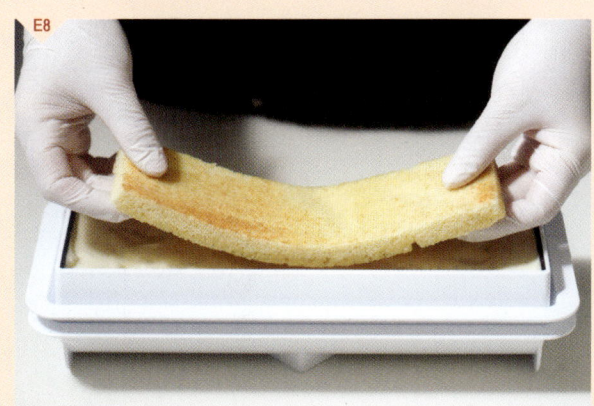

F1

F2

F3

F3

G1

F 바닐라 화이트 초콜릿 미러 글라사주

물 75g
설탕 150g
물엿 150g
화이트 초콜릿(칼리바우트) 150g
연유 100g
젤라틴 매스 63g
크리스탈 클라쎄 뉴트럴 나파쥬 글레이즈(쿠커페이스) 30g
마다가스카르 바닐라 빈 1개
수용성 식용 색소 화이트 15g
▷ 총량 약 680g

1 | 냄비에 물, 설탕, 물엿을 넣고 104℃까지 끓인 뒤 불에서 내린다.
2 | 화이트 초콜릿, 연유, 젤라틴 매스를 넣어 녹인다.
3 | 비커로 옮기고 핸드블렌더로 유화시킨다. 상온의 크리스탈 클라쎄 뉴트럴 나파쥬 글레이즈와 긁어낸 바닐라 빈 씨, 색소를 넣어 한 번 더 유화시키고 하루 동안 냉장실에서 휴지한다. 사용 전 전자레인지에 녹이고 핸드블렌더로 유화시킨 뒤 35℃로 맞춰 사용한다.

G 완성

장식용 금박

1 | 몰드에서 바닐라 무스를 분리하고 식힘 망 위에 올린 뒤 바닐라 화이트 초콜릿 미러 글라사주를 입힌다.
2 | 아랫부분을 정리하고 금박을 올려 완성한다.

MOUSSE
CHERRY FOREST

체리 포레누아

스위트 아몬드와 쿠마린 향을 지닌 통카는 체리, 초콜릿과 가장 잘 어울린다고 생각해요. 보드라운 비스퀴 상파린 쇼콜라는
두 가지 초콜릿 무스와 한 몸처럼 어우러져 체리의 맛과 식감을 부각시킵니다. 어떻게 데커레이션하느냐에 따라 디자인이 달라지는데요.
완성된 무스에 크림을 원하는 모양으로 파이핑하거나 발라 자연스러운 멋을 살려도 좋아요.
크리스마스 케이크로 판매하기도 손색없답니다.

5개 분량

A 비스퀴 상파린 쇼콜라

✂ | 13×18cm 바트

66% 다크 초콜릿(발로나 까라이브) 54g
발효버터 14g
달걀노른자 12g
달걀흰자 108g
설탕 35g
▷ **총량 약 195g**

1 | 볼에 다크 초콜릿과 발효버터를 넣고 40℃로 녹인 뒤
달걀노른자를 넣고 고루 섞는다.

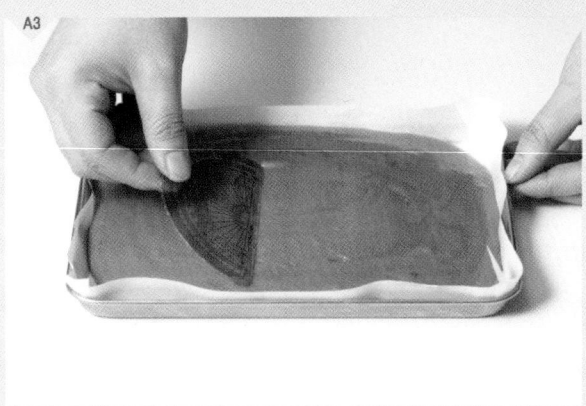

2   달걀흰자에 설탕을 넣고 휘핑해 75% 머랭을 만든다.

3   ❶을 30℃로 맞추고 ❷를 2회 나눠 넣으며 휘퍼로 섞는다.
    바트에 패닝하고 각도기를 이용해 일정한 두께로 편다.
    tip 너무 과하게 섞으면 머랭이 다 꺼지므로 하나로
    섞이면 바로 패닝한다.

4   170℃로 예열한 오븐에 12~13분간 굽고 바트에서
    분리한다. 한 김 식힌 뒤 급속 냉동고에서 단단하게
    얼린다.
    tip 시트가 매우 부드러워 얼리지 않으면 커터로
    재단하기 어렵다.

5   지름 5.5cm 원형 커터로 5개 재단한다.

B1

B2

B3

B4

B5

B 키르슈 화이트 초콜릿 무스

 실리코마트 SF027

생크림A 78g
달걀노른자 22g
설탕 13g
젤라틴 매스 7.2g
33% 화이트 초콜릿(발로나 오팔리스) 73g
생크림B 59g
키르슈(디종 키르쉬) 4g
▷ 총량 약 240g

1	냄비에 생크림A를 넣고 살짝 데운다.
2	볼에 달걀노른자와 설탕을 넣고 실리콘 주걱으로 충분히 섞는다. ❶의 일부를 넣고 고루 섞은 뒤 ❶과 합친다.
3	약불로 75℃까지 가열해 앙글레즈를 만든 뒤 젤라틴 매스를 넣고 녹인다.
4	볼에 화이트 초콜릿을 넣고 체를 받친 뒤 ❸을 붓는다. 휘퍼로 저어 완전히 녹이고 매끈하게 유화시킨다.
5	다른 볼에 생크림B와 키르슈를 넣고 얼음볼에 75%까지 휘핑한다.
6	❹를 25℃로 맞추고 ❺를 2회 나눠 넣으며 휘퍼로 섞는다.
7	실리콘 몰드에 12g씩 채우고 급속 냉동고에서 굳힌다.

274

C 체리 콩포트(4배 분량)

※ 실리코마트 SF027

냉동 사워 체리(이케이 코퍼레이션) 456g
물엿 40g
설탕 128g
물 40g
레몬즙 20g
젤라틴 매스 30g
▷ **총량 약 430g**

1. 냄비에 냉동 사워 체리, 물엿, 설탕, 물, 레몬즙을 넣고 설탕을 완전히 녹인다. 중불에 올려 실리콘 주걱으로 으깨며 천천히 졸인다.
   tip 졸인 뒤 중량은 약 400g이다.

2. 젤라틴 매스를 넣어 녹인 뒤 25℃로 맞추고 실리콘 몰드에 20g씩 채운다.
   tip 바로 키르슈 화이트 초콜릿 무스를 올려 굳혀야 하므로 꼭 25℃까지 식혀 사용한다.

3. 몰드에서 분리한 키르슈 화이트 초콜릿 무스를 올리고 급속 냉동고에서 굳힌다.

D 통카 다크 초콜릿 무스

실리코마트 MULTIFLEX 125

우유 36g
생크림 30g
간 통카 빈(모스 트레이딩) 2.2g
달걀노른자 60g
설탕 40g
66% 다크 초콜릿(발로나 까라이브) 120g
휘핑크림(프레지덩) 270g
▷ 총량 약 545g

1. 냄비에 우유, 생크림, 간 통카 빈을 넣고 가볍게 데운 뒤 불에서 내려 15분 이상 인퓨징한다.
2. 볼에 달걀노른자와 설탕을 넣고 충분히 섞는다. ❶의 일부를 넣고 고루 섞은 뒤 ❶과 합친다.
3. 약불로 78℃까지 가열해 앙글레즈를 만든다.
4. 볼에 다크 초콜릿을 넣고 체를 받친 뒤 ❸을 붓는다. 휘퍼로 저어 완전히 녹이고 매끈하게 유화시킨다.
5. 휘핑크림을 핸드믹서로 75%까지 휘핑한 뒤 40℃로 맞춘 ❹에 2회 나눠 넣으며 섞는다.
6. 몰드의 ⅔ 높이까지 채우고 미니 L자 스패츌러로 옆면까지 바른다.
7. 키르슈 화이트 초콜릿 무스를 올린 체리 콩포트를 넣은 뒤 다시 통카 다크 초콜릿 무스를 채운다. 남은 통카 다크 초콜릿 무스는 냉장실에 보관한다.
8. 비스퀴 샹파린 쇼콜라를 올리고 미니 L자 스패츌러로 윗면을 평평하게 정리한 뒤 급속 냉동고에서 굳힌다.

D7

D8

E1

E2

F1

F2

F3

E 다크 초콜릿 피스톨레

55% 다크 초콜릿(발로나 에콰토리얼) 200g

카카오버터 200g

지용성 식용 색소 블랙(쿠커페이스) 4g

지용성 식용 색소 레드(쿠커페이스) 2g

지용성 식용 색소 옐로(쿠커페이스) 2g

▷ 총량 약 300g

1. 비커에 다크 초콜릿과 카카오버터를 넣고 전자레인지에 돌려 45℃로 녹인다.
2. 색소를 넣고 핸드블렌더로 섞은 뒤 55~60℃로 맞춘다.

F 완성

생체리 5개

통카 다크 초콜릿 무스 적당량

크리스탈 클라쎄 뉴트럴 나파쥬 글레이즈(쿠커페이스) 적당량

1. 남겨둔 통카 다크 초콜릿 무스를 주걱으로 부드럽고 매끄럽게 푼다.
2. 몰드에서 분리한 통카 다크 초콜릿 무스를 돌림판에 놓고 표면에 ❶을 미니 L자 스패출러를 이용해 자연스럽게 바른다. 다시 급속 냉동고에 넣어 단단하게 굳힌다.
3. 돌림판에 놓고 분사기에 넣은 다크 초콜릿 피스톨레를 분사한다.
4. 생체리에 크리스탈 클라쎄 뉴트럴 나파쥬 글레이즈를 바르고 ❸에 올려 완성한다.

LOISIR PASTRY SCHOOL
MASTER CLASS

르와지르 제과 마스터 클래스 | 상급편

초판 1쇄 발행 2025년 10월 28일

지은이 김수경
펴낸곳 아이엔지북스
기획/편집 임정현
디자인 뮤트스튜디오
사진 studio_ing
교열 조진숙
주소 서울특별시 서초구 서초대로74길 27

홈페이지 www.ingbooks.kr
이메일 books@ingbooks.kr
전화 02-6953-4439

ISBN 979-11-90900-85-0 (03590)
출판등록 2013년 11월 4일
제 2019-000033호
₩ 44,000

'아이엔지북스'는 푸드 전문 콘텐츠 그룹 '아이엔지 커뮤니케이션즈'의 출판 브랜드입니다.
이 책은 저작권법에 의해 보호받는 저작물로 제작사의 허락 없이 인용 및 발췌하는 것을
금하며, 이 책 내용의 전부 또는 일부를 재사용하려면 반드시 제작사의 서면 동의를 받아야
합니다. 파본은 구입처에서 교환해드립니다.